BENOÎT XVI,
LE PAPE
QUI NE DEVAIT PAS ÊTRE ÉLU

www.editions-jclattes.fr

Jean-Marie Guénois

BENOÎT XVI, LE PAPE QUI NE DEVAIT PAS ÊTRE ÉLU

JC Lattès
17, rue Jacob 75006 Paris

© 2005, éditions Jean-Claude Lattès.
Première édition, juin 2005.

À Odile, mon épouse.
À chacun de mes enfants.
Pour eux, ces pages de notre vie romaine.
À toute ma famille.
À toutes celles et ceux qui m'ont formé et informé.

PREMIÈRE PARTIE

L'ÉLECTION-SURPRISE DE L'AMI DE JEAN PAUL II

1.

Un Pape mystique et critique

Une redoutable réputation

Tête basse, Paolo quitte la place Saint-Pierre. « Il n'est pas celui que j'attendais », lâche-t-il, visiblement déçu. Comme lui, ils sont nombreux à quitter la fête sur la pointe des pieds. S'unir à la joie, non, « j'espérais un signe plus fort... » La voix claire de ce jeune homme italien est couverte par les « *Viva il papa* » et autre « *Beneeedetto, Beneeedetto* ». Autour de lui, c'est la liesse. 18 h 43, mardi 19 avril 2005, le 264e successeur de Pierre vient d'apparaître. Il était connu sous le nom de Josef Ratzinger, il s'appelle désormais Benoît XVI.

Les jeunes l'acclament et agitent des drapeaux de toutes sortes. Les sourires éclatent, les cris aussi, les chants et les slogans. Ambiance JMJ même si certains, plus âgés, petite quarantaine, s'en vont. La « génération Jean Paul II » semble à l'épreuve avec l'arrivée de ce nouveau Pape sur le lieu même où elle s'est formée en 1985 lors des premières Journées mondiales de la jeunesse...

Le futur Benoît XVI travaillait alors au Saint-Siège depuis quatre ans. Il avait été appelé par Jean Paul II pour devenir Préfet de la Congrégation pour la doctrine de la foi. Un poste prestigieux. Gardien de l'orthodoxie catholique, une responsabilité stratégique dont le poids n'apparaît pas à sa juste mesure dans les organigrammes de la curie romaine. Derrière le Pape, seul le secrétaire d'État est notifié comme numéro deux, l'équivalent d'un Premier ministre. Indéniable sur le plan administratif cette charge est toutefois largement partagée sur le plan « politique ». Le Préfet est l'ombre authentique du Pape. Si le secrétaire d'État gère, administre – et acquiert un pouvoir décisif quand le Pape est affaibli, la dérive a été constatée ces cinq dernières années –, le Préfet, lui, pense, conseille, évalue le cœur même et la finalité de l'activité ecclésiale, la foi en Jésus-Christ. La charge du Préfet de la doctrine de la foi est de décider ce qui est catholique et ce qui ne l'est pas. Elle est en lien direct avec l'attribution suprême du Pape, son pouvoir spirituel. À tel point que la distinction des fonctions est récente dans l'histoire de l'Église. Longtemps le Pape est resté, *de facto*, le Préfet de la Congrégation pour la doctrine de la foi.

C'est pourtant l'exercice de ce noble métier de gardien de la foi qui a valu à Benoît XVI sa terrible réputation. *Il Manifesto*, quotidien italien, en donne une idée puisque ce journal, au lendemain de son élection, a osé le qualifier de « berger allemand »... Vingt-quatre années passées dans le très fermé, palais de la congrégation, « place du Saint-Office » jouxtant la place Saint-Pierre à gauche des colonnades en regardant la basilique, où le cardinal Josef Ratzinger a prononcé des « non » retentissants qui ont largement couvert ses « oui ». Une génération de théologiens en sont marqués : Hans Küng et Eugen Drewermann en Allemagne, Jacques Dupuis en Belgique, Leonardo Boff au Brésil, Charles Curran et Matthew Fox aux États-Unis, Tissa Balasuriya au Sri Lanka, Anthony de Mello en Inde. Une plaisanterie romaine s'en amuse : saint Pierre, Jean Paul II et le cardinal Ratzinger arrivent au Ciel. Le premier des apôtres passe un entretien avec Jésus et ressort avec « trois jours de purgatoire ». Jean Paul II suit et « prend » trois semaines. Vient le tour de Ratzinger. Après un long temps ce n'est pas lui mais le Christ qui apparaît : « J'en ai pris pour trois mois ! »...

Les caricatures ont la vie dure. Cette image de grand inquisiteur semble indélébile. Son surnom, « *Panzerkardinal* », semble inscrit dans le marbre des esprits. Pourtant les premiers pas de Benoît XVI – dont on oublie qu'il fut nommé cardinal à quarante-neuf ans par Paul VI et qu'il fut expert au concile Vatican II comme conseiller théologique du cardinal Joseph Frings – ont certainement atténué cette impression.

« Vivre veut dire changer »

À croire d'ailleurs l'un de ses pires ennemis, qui fut aussi son ami, le théologien suisse Hans Küng. À l'opposé sur l'échiquier de la théologie, ce qui ne l'avait pas empêché en 1966 de convaincre ses collègues de faire venir et d'admettre le brillant professeur Ratzinger à l'université Tübingen, il fut l'un des critiques les plus acerbes du pontificat et du cardinal Ratzinger. Deux jours après l'élection de son ancien confrère, il a fait savoir qu'il espérait, malgré sa « gigantesque déception », pouvoir venir à Rome afin de rencontrer le nouveau Pape (ce qu'il n'a jamais obtenu de Jean Paul II), et conseille à tous ceux qui se sentent dans l'opposition contre Benoît XVI « d'attendre pour voir ». S'il lui reproche son absence d'« âme réformatrice » il reconnaît au nouveau Pape une intelligence hors norme et estime que ce dernier ne suivra pas toutes les orientations de Jean Paul II. « Le conservateur Giuseppe Roncalli s'est mué en Jean XXIII, rappelle Küng. Il a donné, et avec quelle énergie, l'élan d'une grande ouverture à l'Église. »

Avis appuyé, une semaine après l'avènement, par la remarque d'une autre personnalité peu suspecte de bienveillance. Elle émane du cardinal Carlo Maria Martini, ancien archevêque de Milan. Considéré comme le chef de file des « progressistes » il a été, lors du conclave, le seul challenger sérieux du cardinal Ratzinger (voir chapitre 3). Cet intellectuel, jésuite, théologien, a voulu rassurer dans le quotidien italien *La Repubblica* : « Je suis sûr que Benoît XVI nous réservera des surprises vis-à-vis des stéréotypes où il a été un peu trop vite enfermé. Il a toujours été un homme d'une grande humanité et d'une grande courtoisie et gentillesse, prêt à écouter des avis différents du sien. Je l'ai expérimenté pendant les dix années où j'étais membre de la Congrégation pour la doctrine de la foi[1] qu'il

---

1. Au titre de consulteur, c'est-à-dire de conseiller.

présidait. Il m'avait même écrit pour le 15ᵉ anniversaire de mon ordination épiscopale en me disant "personne ne s'étonnera si je dis que nous n'avons pas toujours été du même avis". Par tempérament et par formation nous sommes sans doute très différents l'un de l'autre. [...] De toute façon ces deux positions ne s'excluent pas. De fait elles s'intègrent et se complètent réciproquement. Les positions et les accents différents sont nécessaires pour permettre, à partir d'aspects différents, de s'approcher de la responsabilité complexe de l'Église en ces temps et de tenter, plus ou moins, de l'assumer. »

Le cardinal Martini ajoute qu'un homme change inévitablement quand il passe de la fonction d'enseignement à celle de la responsabilité pastorale. « Je suis certain, affirme-t-il, que la grande responsabilité qui pèse sur les épaules du nouveau Pape le rendra toujours plus sensible aux problèmes qui agitent le cœur des croyants et des non-croyants et qu'il ouvrira pour lui et pour nous des voies originales. »

Changer ? Le cardinal Ratzinger, dans un livre interview avec Peter Seewald [1], confiait sa vision de l'évolution d'une personne au fil des étapes de la vie : « Les âges de la vie changent l'homme, il ne doit pas, quand il a soixante-dix ans, tenter d'en avoir dix-sept, et vice et versa. Je voudrais donc être fidèle à ce que j'ai reconnu comme essentiel, et aussi rester assez ouvert pour voir les modifications nécessaires. Et tout ce qui tourne autour d'un homme change aussi sa position, il se trouve soudain dans un autre réseau de coordonnées. [...] Je ne conteste

---

1. *Le Sel de la Terre*, Flammarion/Cerf, 1996.

pas qu'il y ait dans ma vie développement et changement, mais je constate qu'il y a développement et changement à l'intérieur d'une identité fondamentale et que, tout en changeant, j'ai essayé de demeurer fidèle à ce qui m'a toujours tenu à cœur. Sur ce point je suis d'accord avec le cardinal Newman, qui dit que vivre veut dire changer, et il a beaucoup vécu, lui qui était aussi capable de changer. »

Priorité à la contemplation

Benoît XVI, à l'évidence, n'est d'ailleurs déjà plus le cardinal Ratzinger et encore moins Jean Paul II. Ses premiers pas de Pape ont dessiné un style qui devrait rompre avec cette image négative même si « l'identité fondamentale » subsiste. Il révèle plutôt la personnalité profonde d'un homme aussi affable que mal connu, étouffé par sa réserve naturelle et par sa fonction de gendarme de la foi.

Il a déjà confirmé la voie de l'humilité sur laquelle il a bâti sa vie. « Elle n'est pas feinte », assure un cardinal pourtant rodé aux manœuvres curiales. Il y a quelque chose d'un moine en lui. « C'est fondamental de reconnaître résolument la contemplation, confie le cardinal Ratzinger, comme une priorité de premier ordre. Si on accorde cette priorité à la contemplation, alors il faut lui impartir des laps de temps inviolables. Si je ne pratique plus l'Écriture sainte tout seul, avec calme et patience, il y aura un jour où je ne pourrai plus prêcher et où finalement je perdrai la foi, parce qu'elle ne sera plus alimentée. Cela ne sert plus à rien que je signe des actes – je ne remplis plus mes fonctions essentielles et je perds la qualification fondamentale de ma fonction. C'est pourquoi il est préférable de ne pas remplir quelques devoirs d'une urgence absolue plutôt que de sacrifier le temps passé avec Dieu [1]. »

Cette attitude spirituelle d'humilité se passe de discours. Elle s'impose avec sérénité. On voit le bénédictin qu'il a pensé devenir. Une sorte de premier message du pontificat. Impression de premier jour qui reste parfois gravée dans l'histoire. Après le « bon Pape Jean », Paul VI « le Pape soucieux », Jean Paul Ier « le Pape sourire », Jean Paul II « le sportif de Dieu », Benoît XVI, « le Pape serviteur ».

Ses premiers mots sont d'ailleurs allés en ce sens. Mardi 19 avril, sur le balcon de la loge des bénédictions : « Les cardinaux ont élu après le grand Pape Jean Paul II un simple et humble travailleur de la vigne du Seigneur. Le Seigneur sait agir avec des instruments insuffisants. Je me confie à votre prière. Avançons, le Seigneur nous aidera. Marie sera à nos côtés. »

Le lendemain, lors d'un long message adressé en latin aux cardinaux dans la chapelle Sixtine, Benoît XVI a confirmé son état d'esprit : « En me choisissant comme évêque de Rome, le Seigneur m'a voulu "pierre" sur laquelle tous puissent s'appuyer avec sécurité. Je lui demande de suppléer à la pauvreté de mes forces pour que je sois le Pasteur courageux et fidèle de son troupeau, toujours docile aux inspirations de son Esprit. Je m'apprête à prendre en charge ce ministère particulier, le

---

1. *Église et Théologie*, Mame, 1992.

ministère "pétrinien" au service de l'Église universelle, dans une attitude d'humble abandon aux mains de la Providence divine [1]. »

Même tonalité, dimanche 24 avril, devant une place Saint-Pierre noire de monde : « Moi-même, fragile serviteur de Dieu, je dois assumer cette charge inouïe, qui dépasse réellement toute capacité humaine. Comment puis-je faire cela ? Comme serai-je en mesure de le faire ? [...] Je ne dois pas porter seul ce que, en réalité, je ne pourrais jamais porter seul. » Et, plus loin, « mon véritable programme de gouvernement est de ne pas faire ma volonté, de ne pas poursuivre mes idées, mais, avec toute l'Église, de me mettre à l'écoute de la parole et de la volonté du Seigneur, et de me laisser guider par lui, de manière que ce soit lui-même qui guide l'Église en cette heure de notre histoire ».

Suivit cet appel aussi pressant qu'inquiétant : « Priez pour moi, afin que je ne me dérobe pas, par peur, devant les loups... »

Un esprit critique

Mais qui sont ces loups ? Internes ou au-dehors de l'Église ? Nul ne le sait, mais le cardinal, pour humble qu'il soit, reste redouté pour l'acuité de son regard critique. Professeur de théologie, notamment disciple de Henri de Lubac et de Urs Von Balthasar, il a enseigné pendant près de trente ans – et jusqu'à l'âge de cinquante ans, un vrai métier acquis de professeur d'université – au terme desquels l'Église

---
1. Traduction G. Goubert, *La Croix*.

le consacrait archevêque de Munich. En 1994, il accorde une interview à l'agence romaine *I.Media*, notamment publiée dans l'hebdomadaire *Time*, où il explique sa méthode : « Mon idéal a toujours été une démarche scientifique rigoureuse : la méthode nette, l'information minutieuse, et, avec cela, un débat scientifique. Je considère toujours cela comme important. Mais il y a aussi l'autre tâche qui consiste à passer par la science pour arriver à la sagesse. C'est-à-dire passer du particulier au général et transmettre la vision générale de façon compréhensible en franchissant les murs des technicités de la spécialisation. »

L'intellectuel est donc sans concession mais il attend la sagesse. Il pourchasse l'angélisme tout autant que les « pensées rigides », ce qui explique, au passage, sa distance avec le néothomisme, façon XIXe siècle, pourtant l'une des matrices intellectuelles de l'Église. S'il est sensible, musicien, grand amateur de Mozart, il n'est pas philosophe, poète ou romantique au sens de Jean Paul II. Et n'hésitera pas à pointer du doigt les plaies douloureuses les plus cachées.

L'orgueil de l'Église par exemple. Une semaine avant la mort du Pape, le Vendredi saint, il avait présidé le traditionnel chemin de croix où il remplaçait Jean Paul II au Colisée de Rome. Sa méditation avait alors créé un électrochoc dans la curie romaine. Évoquant une chute de Jésus sous le poids de la Croix, le cardinal Ratzinger avait en effet lancé : « Ne devons-nous pas penser également à ce que le Christ doit souffrir dans son Église elle-même ? Combien de fois abusons-nous du saint sacrement de sa présence, dans quel cœur vide et mauvais entre-t-il souvent ! Combien de fois ne célébrons-nous que nous-mêmes, et ne prenons-nous même pas conscience de sa présence ! [...] Quel manque de foi dans de très nombreuses théories, combien de paroles creuses ! Que de souillures dans l'Église, et particulièrement parmi ceux qui, dans le sacerdoce, devraient lui appartenir totalement ! Combien d'orgueil et d'autosuffisance [...] Souvent, Seigneur, ton Église nous semble une barque prête à couler, une barque qui prend l'eau de toute part. Et dans ton champ, nous voyons plus d'ivraie que de bon grain. Les vêtements et le visage si sales de ton Église nous effraient. Mais c'est nous-mêmes qui les salissons. C'est nous-mêmes qui te trahissons chaque fois, après toutes nos belles paroles et nos beaux gestes. [...] Sauve ton Église et sanctifie-la. » Synthèse finalement assez précise de son diagnostic profond sur l'Église qu'il a développé à de multiples reprises : « Ce n'est pas d'une Église plus humaine dont nous avons besoin, mais d'une Église plus divine au contraire ; c'est alors seulement qu'elle sera aussi vraiment humaine. [...] Dans l'Église l'atmosphère devient angoissante et étouffante si les ministres oublient que le sacrement n'est pas le partage du pouvoir, mais au contraire une désappropriation de moi-même en faveur de Celui en la personne de qui je dois parler et agir. Lorsqu'à une responsabilité toujours plus importante correspond une désappropriation personnelle toujours plus grande, alors personne n'est l'esclave de personne ; alors c'est le Seigneur qui préside, alors est valable ce principe : "Le Seigneur est l'Esprit même. Et là où est l'Esprit du Seigneur, là est la liberté (2 Co 3, 17)." Plus nous échafaudons de structures, aussi modernes soient-elles, et moins il y a de place pour l'Esprit et pour le Seigneur, et donc moins il y a de liberté[1]. »

Après l'Église, le cardinal Ratzinger, lors du chemin de croix, avait aussi développé sa vision du monde : « Nous pouvons penser aussi, dans l'histoire plus récente, que les chrétiens, en se détournant de la foi, ont abandonné le Seigneur : les grandes idéologies, comme la banalisation de l'homme qui ne croit plus à rien et qui se laisse simplement aller, ont construit un nouveau paganisme, un paganisme plus mauvais, qui, en voulant mettre définitivement Dieu à part, a fini par se débarrasser de l'homme. L'homme gît ainsi dans la cendre. »

Autre méditation, « combien de fois les insignes du pouvoir portés par les puissants de ce monde ne sont-ils pas une insulte à la vérité, à la justice et à la dignité de l'homme ! Combien de fois leurs cérémonies et leurs grands discours ne sont en vérité rien d'autre que de pompeux mensonges, une caricature de la tâche qui est la leur : se mettre au service du bien ! [...] Aide-nous à reconnaître ton visage en ceux qui sont humiliés et mis à l'écart. Aide-nous à ne pas nous décourager devant les moqueries du monde, quand l'obéissance à ta volonté est tournée en dérision ».

Enfin, cet appel directement adressé aux chrétiens : « Il ne sert à rien de pleurer sur les souffrances de ce monde, avec des paroles et par des sentiments, alors que notre vie continue toujours égale à elle-même. [...] Malgré tous nos discours

---
1. *Église et Théologie*, op. cit.

effrayés devant le mal et la souffrance ne sommes-nous pas trop enclins à banaliser le mystère du mal ? En définitive, de l'image de Dieu et de Jésus, nous ne retenons peut-être que l'aspect doux et aimable, alors que nous avons évacué tranquillement l'aspect du jugement ? […] Tu nous appelles à sortir de la banalisation du mal dans laquelle nous nous complaisons, de manière à pouvoir continuer notre vie tranquille. Tu nous montres la gravité de notre responsabilité, le danger d'être trouvés coupables et stériles au jour du Jugement. Aide-nous à ne pas nous contenter de marcher à côté de toi, ou d'offrir seulement des paroles de compassion. »

« La dictature du relativisme »

Ce texte qui fut jugé « pessimiste » par beaucoup est pourtant inspiré par la vision du monde du nouveau Pape. « Pessimiste et optimiste, confiait-il encore dans l'interview citée, sont des notions émotionnelles, sans valeur cognitive. En analysant la situation d'une société, il ne s'agit pas de savoir s'il faut être optimiste ou pessimiste ; on doit plutôt chercher des paramètres bien définis permettant d'identifier les tendances de l'évolution et d'apprécier "l'état de santé" de cette société. L'Église ne vit pas dans un monde à part, mais se compose d'hommes vivant dans notre société actuelle. » Humble certes mais, encore une fois, critique. Et profondément convaincu de la centralité du Christ dans l'histoire et dans la vie de l'Église.

Il l'avait encore réaffirmé le matin de l'entrée en conclave. Alors doyen du Sacré Collège, il avait tenu l'homélie de la messe des cardinaux dite « pour l'élection du pontife romain » et n'avait visiblement rien à perdre : « Combien de vents de doctrines avons-nous connus au cours de ces dernières décennies, avait-il fustigé, combien de courants idéologiques, de modes de pensée... La petite barque de la pensée de nombreux chrétiens, bien souvent, a été agitée par ces vagues, jetée d'un extrême à l'autre : du marxisme au libéralisme, jusqu'au libertinisme ; du collectivisme à l'individualisme radical, de l'athéisme à un vague mysticisme religieux ; de l'agnosticisme au syncrétisme et ainsi de suite. Chaque jour naissent de nouvelles sectes [...]. Avoir une foi claire, selon le credo de l'Église, est souvent étiqueté comme fondamentalisme. Tandis que le relativisme, c'est-à-dire, se laisser porter "à tous les vents de doctrines" apparaît comme l'unique attitude digne de notre époque. Une dictature du relativisme est en train de se constituer qui ne reconnaît rien de définitif et qui retient comme ultime critère son propre ego et ses désirs. Nous, en revanche, nous avons une autre mesure : le Fils de Dieu, l'homme véritable. C'est lui la mesure du véritable humanisme. Une foi qui suit les vagues de la mode n'est pas "adulte". Une foi adulte et mûre est profondément enracinée dans l'amitié avec le Christ. C'est cette amitié qui nous ouvre à tout ce qui est bon et nous donne le critère pour discerner entre le vrai et le faux, entre l'imposture et la vérité. C'est cette foi adulte que nous devons faire mûrir, c'est vers cette foi que nous devons guider le troupeau du Christ. Et c'est cette foi – seulement la foi – qui crée l'unité et se réalise dans la charité. [...] En Christ, la vérité et la charité coïncident. [...] Nous devons être animés d'une sainte inquiétude : l'inquiétude de porter à tous le don de la foi et de l'amitié avec le Christ. En vérité, l'amour et l'amitié de Dieu nous ont été donnés pour parvenir aussi aux autres – nous sommes prêtres pour servir les autres. Et nous devons porter un fruit qui demeure. Tous les hommes veulent laisser une trace qui demeure. Mais que reste-t-il ? Ce n'est pas l'argent. Ce ne sont pas les bâtiments et encore moins les livres. Toutes ces choses disparaissent après un certain temps, plus ou moins long. La seule chose qui subsiste dans l'éternité, c'est l'âme humaine, l'homme créé par Dieu pour l'éternité. C'est ainsi que le fruit qui demeure est celui que nous avons semé dans l'âme humaine – l'amour, la connaissance ; le geste apte à toucher le cœur, la parole qui ouvre l'âme à la joie du Seigneur. Alors, allons et prions le Seigneur, pour qu'il nous aide à porter du fruit et un fruit qui demeure [1]. »

Trois priorités

Mais comment faire... Sans « programme » comme il l'a affirmé lors de sa messe d'intronisation, le 24 avril 2005, et « surpris » par son élection, le scénario échappant à « toutes [ses] prévisions ». Benoît XVI a tout de même esquissé lors d'un message aux cardinaux le 20 avril les grands axes de son pontificat.

Premier axe, la collégialité, c'est-à-dire une « collaboration constante, active et sage » entre le

---
1. Traduction *La Croix*.

Pape et les évêques, sans doute l'un des points les plus sensibles aujourd'hui à l'intérieur de l'Église dont la sensibilité a été accentuée par le centralisme bureaucratique de la fin du pontificat, lié à la maladie de Jean Paul II. « Je demande aussi à tous les frères dans l'épiscopat d'être à mes côtés, a affirmé Benoît XVI, par la prière et par le conseil afin que je puisse être vraiment le "serviteur des serviteurs de Dieu". » Ce qui est, au passage, le dernier des neuf titres officiels du Pape. « Les uns et les autres, a-t-il ajouté dans la ligne du concile Vatican II, "doivent être étroitement unis" dans "la diversité des rôles et des fonctions". »

Deuxième axe, « la mise en œuvre du concile Vatican II sur la trace de mes prédécesseurs et en continuité fidèle avec la tradition bimillénaire de l'Église ». Pas de surprise ici, sinon cet ajout, « en continuité fidèle avec la tradition bimillénaire de l'Église », qui laisse entendre, sur le plan de la liturgie notamment (voir chapitre 5), des évolutions à venir qui insisteront sur le sens du sacré et de la transcendance. Comme il l'indique, aussitôt d'ailleurs, à la faveur de l'année de l'eucharistie : « À tous, je demande de vivre plus intensément dans les prochains mois l'amour et la dévotion pour Jésus Eucharistie et d'exprimer de manière courageuse et claire la foi dans la présence réelle du Seigneur, avant tout par la solennité et la rectitude des célébrations. »

Troisième axe majeur, l'unité des chrétiens. Le nouveau Pape se fixe « comme tâche première de travailler, sans ménager son énergie, à la reconstitution de la pleine et visible unité de tous les disciples du Christ » conscient que « les manifestations de bons sentiments ne suffisent pas, il faut des gestes concrets ». Même si, le 7 mai, lors de son installation comme évêque de Rome dans la basilique du Latran, il a réaffirmé l'autorité de l'Église catholique dans l'interprétation de l'Écriture : « L'évêque de Rome siège sur sa chaire pour rendre témoignage au Christ. Ainsi, la chaire est le symbole de la *potestas docendi*, ce pouvoir d'enseignement qui est la part essentielle du mandat de lier et de délier conféré par le Seigneur à Pierre et, après lui, aux Douze. Dans l'Église, l'Écriture sainte, dont la compréhension croît sous l'inspiration de l'Esprit saint, et le ministère de l'interprétation authentique, conféré aux apôtres, appartiennent l'un à l'autre de façon indissoluble. Quand l'Écriture sainte est coupée de la voix vivante de l'Église, elle devient la proie des disputes d'experts [...]. Mais la science seule ne peut nous fournir une interprétation définitive et contraignante. Elle n'est pas en mesure de nous donner, dans l'interprétation, cette certitude avec laquelle nous pouvons vivre et pour laquelle nous pouvons aussi mourir. Pour cela, il faut un mandat plus grand, qui ne peut découler de la seule capacité humaine. Pour cela, il y a besoin de la voix de l'Église vivante, de cette Église confiée à Pierre et au collège des apôtres jusqu'à la fin des temps [1]. »

Reste enfin, dans son discours fondateur du 20 avril 2005, un engagement pour un dialogue « ouvert et sincère » avec les croyants des autres religions et avec les non-croyants. Il y est revenu, quatre jours plus tard, en remerciant les délégations religieuses venues à Rome pour sa messe

---

1. Traduction *La Croix*.

d'installation : « L'Église veut continuer à construire des ponts d'amitié avec les membres de toutes les religions, afin de chercher le vrai bien de chaque personne et de la société dans son ensemble. » Sans trop insister toutefois. Le cardinal Ratzinger avait en effet émis de fortes réserves internes sur l'initiative interreligieuse de prière pour la paix à Assise.

Deux messages appuyés en revanche en direction des juifs. Le 9 mai il s'est adressé à Elio Toaff, l'ancien grand rabbin de Rome (celui qui avait accueilli Jean Paul II pour une visite historique à la synagogue de Rome en 1986) pour son 90e anniversaire lui réaffirmant « son engagement à poursuivre le dialogue ». Et, deux jours seulement après son élection, Benoît XVI a consacré l'un de ses premiers messages officiels à l'actuel grand rabbin de Rome, Riccardo Di Segni, pour lui assurer qu'il entendait « renforcer la collaboration avec la communauté juive ». Il a enfin annoncé sa volonté de visiter la synagogue de Cologne lors des JMJ de l'été 2005. Cette synagogue qui fut brûlée par les nazis...

Papauté et despotisme

Benoît XVI n'est donc plus tout à fait le cardinal Ratzinger, c'est écrit. Ce qui l'est moins est le temps dont il va disposer. À soixante-dix-huit ans, lui qui a voulu démissionner trois fois de son poste précédent – il a déjà subi une légère attaque cérébrale – mais qui a toujours vu Jean Paul II le lui refuser, sait que sa marge de manœuvre est comptée. Une confidence de sa gouvernante, Ingrid Stampa, laisse clairement entendre qu'il envisageait, avec la mort de Jean Paul II, de prendre une retraite bien méritée. Son frère, de trois ans son aîné, Georg, prêtre également et ordonné avec lui le même jour, 29 juin 1951, le dit de santé « fragile ». Mgr Georg Ratzinger est inquiet pour le stress lié à cette fonction que son frère « n'a pas désirée ». Inquiet parce qu'il connaît son frère, consciencieux à l'excès et « pénétré par le sens aigu de sa responsabilité ». Et parce qu'ils vont être séparés...

Dans ses Mémoires, *Ma vie*, le cardinal Ratzinger laisse entrevoir combien sa famille, ses parents, son frère et sa sœur aujourd'hui décédée, ont été un point d'équilibre important pour lui. Le jeune et brillant théologien, disciple de Romano Guardini, Henri de Lubac et Hans Urs von Balthasar, a même failli refuser une chaire plus prestigieuse pour ne pas laisser ses vieux parents qui ne pouvaient plus vivre alors de façon autonome.

Unité familiale notamment forgée par l'épreuve de la guerre. Ce frère aîné que l'on croyait mort. Son opposition viscérale, et celle de ses parents, dès 1932, au nazisme, un « paganisme ». Son père gendarme dut même changer d'affectation parce qu'il refusait les comportements violents qu'on attendait de lui. Cet « enrôlement forcé » des trois enfants dans les jeunesses hitlériennes et, un court temps pour Josef, il est né le 16 avril de la classe 1927, dans l'armée régulière qu'il déserte avant d'être fait prisonnier par les Américains.

Marge de manœuvre limitée aussi parce que le 265e Pape, c'est sa face cachée et inconnue, est fondamentalement un homme de prière, un rationnel mystique, très influencé par saint Augustin et saint Bonaventure.

Il y a effectivement un bénédictin en lui. D'où le choix de son nom de Pape, même s'il est aussi lié à Benoît XV, apôtre de la paix lors de la Première Guerre mondiale. D'où le thème de la « joie », chez ce Bavarois amoureux de sa région rieuse. Le mot revient d'ailleurs sept fois dans sa première homélie. D'où l'homme d'étude, « *ora et labora* », le serviteur, le laboureur, qui a rédigé plusieurs dizaines d'ouvrages.

Sauf qu'il se dit « étranger » dans ses Mémoires « aux responsabilités de gouvernement et d'administration » et ne voyait pas comment – en 1977 – y compris « avec les limites de [sa] santé », il pouvait devenir archevêque de Munich. À plus forte raison Pape, vingt-huit ans plus tard...

Peut-être va-t-il justement, s'il en a le temps, inventer une nouvelle façon d'exercer cette responsabilité comme il l'avait pensé, il y a un peu plus de dix ans, dans l'interview de 1994 mentionnée plus haut : « Nous avons dit que les formes d'exercice de la papauté peuvent être très diverses, comme le montre l'histoire, et que des possibilités peuvent se présenter à l'avenir, possibilités que nous ne sommes pas encore à même de percevoir. Nous avons aussi exprimé l'espoir qu'un jour nous soit offerte une structure de papauté, dans laquelle même les non-catholiques reconnaîtront qu'elle n'est pas un despotisme, mais qu'elle correspond à la volonté du Seigneur. Il ne s'agit pas d'un appel au retour à Rome mais d'une espérance remise entre les mains du Seigneur. »

Et si la vraie surprise du pontificat de l'ancien « *panzerkardinal* » pouvait résider en cette papauté qui « n'est pas un despotisme »...

2.

Un conclave
commencé en 1996...

Un chirurgien à la barre

Un chirurgien dans les murs du Vatican. Scène incongrue en ce 8 octobre 1996 : pas de masque, ni de blouse verte mais un costume finement taillé, une élégance parfaite. Francesco Crucetti porte beau. Une petite soixantaine, chevelure argentée, teint doré. Difficile de l'imaginer soignant la veille le Pape Jean Paul II ! À l'hôpital Gemelli de Rome, il l'a pourtant bel et bien opéré.

Un mois auparavant les Français avaient été frappés de l'état du Pape. Jean Paul II visitait notre pays pour la cinquième fois : Tours, Sainte-Anne-d'Auray, il célébrait à Reims le baptême de Clovis. La polémique sur la laïcité bat alors son plein. Mais sa santé chancelle. Il apparaît anormalement fatigué. Quel est son état de santé réel ? De retour à Rome les spéculations fusent. On l'assure, la fin est proche. Un cancer, sans doute. Et le Vatican ne tarde pas à l'annoncer : le Pape, c'est officiel, subira une opération dès les premiers jours d'octobre.

Choc dans l'Église. L'alerte semble sérieuse. Car bien peu donnent du crédit au diagnostic avancé, une appendicite... L'acte chirurgical se déroulera pourtant comme prévu. Mais la méfiance s'installe, et pour longtemps. Pour la contrer, l'Église rappelle Crucetti. Cet éminent spécialiste délaisse sa table d'opération pour témoigner à la barre d'un tribunal public – celui de l'opinion. Convié à la salle de presse du Vatican, il doit convaincre : « Tutto va bene », assure-t-il, ce fameux 8 octobre devant plus d'une centaine de journalistes internationaux. Le poids de son autorité professionnelle est à peine suffisant pour certifier que le Pape était bien affecté d'une appendicite, et non d'un cancer.

Son expérience et sa force de persuasion échouent toutefois. Le doute domine. L'opération de communication destinée à calmer le jeu cristallise plutôt le scepticisme. Et, avec lui, deux certitudes : Le Vatican cache certainement la vérité sur la santé du Pape. Et ce dernier vit en sursis.

L'ouverture d'un conclave virtuel

Les faits démentiront pourtant ce sentiment, la réalité ira dans le sens du professeur Crucetti. Mais cet épisode médical a une conséquence majeure, celle d'ouvrir un véritable conclave virtuel. Les esprits s'installent dans cette conviction : Jean Paul II est appelé à disparaître ; il faut anticiper sa succession. Les couloirs du Vatican bruissent alors d'un concert sinistre, qui ne cessera qu'à la mort du

Pape. Chaque accroc de santé vaut désormais publication dans la presse italienne et internationale de la liste des *papabili*, cette dizaine de cardinaux qui pourraient être élu Pape.

Il s'agit évidemment de spéculations. Elles meublent les conversations mais sont très rarement vérifiées. Malheur à qui oublierait cet adage romain « celui qui entre Pape au conclave en sort cardinal » ! Mais au-delà de l'écume, un climat insidieux se diffuse, raffiné et redoutable.

Certains cardinaux romains commencent à se mettre en avant. Une concurrence sourde s'installe notamment entre ceux dont parle toujours la presse et ceux qui en rêveraient. Les petites phrases assassines écornent plusieurs réputations. Des exemples remarquables de détachements existent mais, irrésistible, la danse des ambitions s'insinue au cœur des meilleures intentions. On y retrouve les champions naturels – ils s'imposent d'eux-mêmes – et les autres...

Là où devrait régner une harmonie exemplaire fleurit un triste esprit de chapelles, de clans, de bastions. Certains cardinaux redoublent d'initiatives pour se faire remarquer. Tel ce cardinal romain de souche, qui organisait chaque année à Rome un grand congrès international et veillait toujours avec soin à sa couverture médiatique...

Jean Paul II souffre de cette situation. Construire un esprit d'équipe parmi ses grands ministres est difficile. Ses meilleurs serviteurs n'agissent pas contre leur capitaine, loin de là, et il le sait. L'administration de l'Église, la curie, travaille consciencieusement. Mais chacun soigne plutôt sa relation directe avec le sommet hiérarchique. Il s'agit d'exister, de ne pas passer totalement inaperçu... Un tel contexte prématuré de succession affaiblit l'esprit de famille, ce modèle de relations pourtant visé par la curie romaine. « Fin de règne », ose-t-on susurrer au fil des conversations. L'expression se banalise... La stature de Jean Paul II a beau inspirer le respect, freiner ce penchant, subtile et discrète une conscience collective s'est bel et bien installée.

Ainsi le conclave qui vient de s'achever aura-t-il commencé beaucoup trop tôt. Cet état d'esprit alimenté par les accrocs de santé réguliers de Jean Paul II aura pesé beaucoup plus qu'on ne le pense sur l'élection de son successeur. De guerre lasse cette concurrence qui n'avouait pas son nom s'est estompée pendant les dernières années, mais elle a laissé des traces au sein de la communion fraternelle.

Des héros fatigués

« Il les aura tous enterrés », plaisante un avocat romain, observateur qualifié du Vatican. En août 2002 il commente l'été flamboyant de Jean Paul II. Au printemps, il était donné mourant lors d'un voyage en Bulgarie. Puis le vieux Pape crée la surprise avec les JMJ de Toronto. Il enchaîne, le Guatemala et le Mexique... Et même la Pologne quinze jours plus tard !

Enterrés ? Ce sont les champions du pontificat. Ces *papabili* qui ont occupé la scène médiatique pendant plus d'une décennie. Ils étaient les successeurs. Les voilà maintenant à la retraite, malades, morts ou mourants ! Encore un effet pervers de cette trop longue fin de règne. Elle aura gelé pour longtemps des scénarios post-Jean Paul II. Tout s'est passé comme si des ingénieurs avaient mis au point, une fois pour toutes, un plan précis pour répondre à une situation de crise sans s'apercevoir qu'ils ont vieilli avec leur projet et qu'ils ne l'ont pas revisité.

Les « successeurs », désignés par la rumeur vaticane et médiatique, mais aussi par les courants internes, atteignent en effet les uns après les autres, et insensiblement, les soixante-quinze années fatidiques, seuil psychologique dans l'Église, à l'image de la retraite à soixante ans dans la vie civile. À cet âge, un cardinal peut toujours être élu Pape. Il reste même électeur jusqu'à quatre-vingts ans. Mais il perd, comme tout le monde, sa jeunesse et sa vitalité.

Ainsi, le cardinal Martini. Il a dû battre en retraite, si l'on peut dire – puisque personne n'est jamais officiellement candidat –, face au réalisme des années et aux nécessités de la santé. Souvent donné comme favori il annonce, le jour de ses soixante-quinze ans, sa volonté de quitter son diocèse de Milan afin de se retirer en Terre sainte et approfondir ses études bibliques. Ce qu'il fait.

Autre exemple, symptomatique, le cardinal Lucas Moreira Neives. Comme Martini, il cumulait les satisfecit ou bons points : brésilien, dominicain, nommé par Jean Paul II, fort d'un long séjour en curie à Rome et d'une expérience réelle de gouvernement dans une Église locale au Brésil, connaissant beaucoup d'évêques dans le monde entier. Élu un temps à la présidence de l'épiscopat brésilien, polyglotte, il bénéficiait d'une bonne réputation, à la droite et à la gauche de l'Église. Il était souvent donné comme un sérieux successeur.

Mais son diabète chronique s'aggrava au point qu'il dut renoncer, avant l'âge et pour raison de santé, à un poste clé et tremplin, la présidence de la Congrégation pour les évêques où Jean Paul II l'avait pourtant nommé. Il disparut aussitôt de la liste officieuse des *papabili* avant de mourir en septembre 2002.

Ces hypothèses de succession ont donc été gelées beaucoup trop tôt par le sentiment de la disparition imminente du Pape décrit plus haut. Elles ont occulté l'apparition de jeunes, et de moins jeunes talents, que ce conclave n'a pas su valoriser. D'où ce piquant paradoxe : préparée depuis longtemps, cette élection a été marquée, plus que d'autres – et à l'exception de l'élection de Jean Paul II issue de la mort subite de Jean Paul Ier –, par une relative improvisation. Les étoiles du pontificat ont vieilli avec lui.

98 % des électeurs nommés par Jean Paul II...

Troisième conditionnement à long terme du conclave, le corps électoral, dénommé « le Sacré Collège ». Composé des 115 cardinaux âgés de moins de quatre-vingts ans, il était, pour cette élection, composé à 98 % de prélats nommés par Jean Paul II !

Comparé à la vie politique, ce rapport numérique donne l'impression que le Pape régnant a organisé sa succession en n'élevant à la pourpre cardinalice que des gens à sa main ou de sa tendance. C'est en partie vrai, pour des personnalités que le Pape entend honorer, comme le cardinal de Lubac, ce grand théologien français qui fut rejeté avant le Concile puis réhabilité. Créé cardinal à quatre-vingt-sept ans – selon l'expression ecclésiale, un cardinal est « créé » –, il disparut peu de temps après sa nomination.

Mais cette impression est trompeuse dans la mesure où la majeure partie des postes cardinalices sont liés à des postes épiscopaux localisés, comme celui de Lyon, ou Paris en France. Y être nommé, comme Mgr Barbarin dans la seconde ville de France, implique automatiquement qu'il devienne cardinal. Certes, le Pape peut toujours placer à ces postes ceux qu'il entend un jour admettre au Sacré Collège. Ce fut le cas pour le cardinal Lustiger. Mais ce sont des exceptions réservées aux très fortes personnalités. En effet, la géographie de l'Église est loin d'être seulement romaine : une nomination dans un pays dépend avant tout des hommes disponibles sur place et des besoins de ce pays. C'est sur cette base que le Pape décide, selon des dossiers transmis par les nonces apostoliques, ses représentants diplomatiques dans chacun des pays. Son choix est ainsi largement prédéterminé par les circonstances locales. Les conférences épiscopales – elles s'en défendent – y jouent un rôle non négligeable, même si la décision finale appartient au Pape. Parfois cette équation se résout par des accords particuliers ou par une sorte d'alternance. Dans des pays sensibles, la nomination d'un évêque imposée par Rome peut être compensée par une nomination plus conforme à l'avis de l'Église locale.

Le consistoire de début 2001, session spéciale où furent créés une série de nouveaux cardinaux (il est convoqué tous les trois, quatre ans), illustre très précisément le fonctionnement de l'Église. Deux vagues de nominations sont intervenues à une semaine d'intervalle. Dont celle du cardinal Lehmann.

Tout le monde s'attendait à ce que l'archevêque de Mayence soit nommé cardinal bien qu'il ait tenu tête pendant deux ans au Vatican sur la question controversée des centres catholiques de pré-avortement. Son absence dans la liste du 21 janvier 2001 étonna beaucoup. En Allemagne, des pressions se firent sentir. Et, surprise sans précédent, une seconde liste fut publiée une semaine plus tard, le 28 janvier, où il figurait bel et bien !

Oubli ? Conflit à l'intérieur du Vatican entre le Pape et ses services sur l'opportunité de le nommer ? Dysfonctionnement de fin de règne ? Pressions extérieures ? Il est aujourd'hui certain que l'Église d'Allemagne et certains ténors ecclésiaux européens avaient protesté, avec la diplomatie et la fermeté requises, contre cette absence, insistant sur l'éminence de la personnalité de Karl Lehmann. N'avait-il pas évité l'explosion de la conférence épiscopale dans une période de forte crise ? N'avait-il pas su tenir sa distance vis-à-vis de Rome, tout en cherchant un compromis intelligent ? Les protestataires s'appuyaient aussi sur le déséquilibre de la liste des nouvelles nominations. Elles laissaient relativement peu de place aux Européens et favorisaient plutôt les Latino-Américains. Beaucoup pensaient qu'il était nécessaire de rétablir la balance pour satisfaire la représentativité géographique et politique du corps cardinalice. Il y eut donc rectificatif.

Par ailleurs si tous les électeurs du Pape ou presque ont été nommés par Jean Paul II, ils n'en sont pas pour autant des copies conformes. Chacun a sa personnalité, son parcours, sa formation et sa culture d'origine. Nommé par Jean Paul II ou non, il est rare, en tout cas statistiquement minime et sans incidence, de trouver, à ce rang, dans l'Église un profil de « révolutionnaire »… Preuve de conservatisme ? L'explication la plus proche de la réalité tient plutôt aux étapes de sélection pour y parvenir : elles sont ardues et aléatoires.

Car ce collège des cardinaux est un véritable « sénat de l'Église ». Ses membres sont plutôt choisis en fonction de leur sagesse et non de leur originalité… Il y a aussi le poids de l'histoire. Cette institution pluriséculaire, unique au monde, se donne pour fonction d'assurer la transmission d'un patrimoine religieux et spirituel, ce qui n'exige pas des vertus de créativité à première vue.

Enfin, dernière particularité du corps électoral, sa distribution géopolitique. 76 % des cardinaux étaient italiens en 1910, ils sont encore 18 % cent ans plus tard. L'Europe avec 58 cardinaux électeurs forme toujours le groupe dominant puisque les Latino-Américains ne comptent que 21 électeurs. Amérique du Nord, Asie, Afrique viennent ensuite avec respectivement 14, 11 et 11 cardinaux électeurs. Quant à l'Océanie, elle ne compte que 4 cardinaux. Le basculement Nord-Sud n'est pas encore effectif. Le « Nord », Amérique et Europe, totalise 72 cardinaux contre 45 pour le « Sud ». Il est toutefois raisonnable de penser que l'affaiblissement de la prééminence des Italiens au long du XXe siècle affectera, dans la même proportion au cours de ce siècle, l'influence européenne. Seule la Pologne, sur le vieux continent, tire son épingle du jeu. Elle qui fournit le quart des séminaristes européens !

Le nouveau visage de l'Église n'a donc pas fini de s'accentuer, conformément à la géographie et à la démographie. Et cette nouvelle géographie de l'Église a eu plus d'influence sur l'élection de ce Pape, qu'un profil type, une sorte de « modèle Jean Paul II », introuvable du reste dans l'actuel Sacré Collège !

L'espérance de vie du Pape augmente elle aussi

Quatrième conditionnement de ce conclave : la longévité de Jean Paul II.

Élu très jeune – cinquante-huit ans – il a connu l'un des pontificats les plus étendus de l'histoire. Il dépasse de loin la durée moyenne de près de huit années. Mais il n'aura pas égalé le record attribué à saint Pierre, le premier Pape. Selon des sources incertaines Pierre régna trente-deux ans ! Ni celui de Pie IX (1846-1878) : trente et un ans et sept mois. Mais la longue maladie de Jean Paul II, le contraste entre le sportif de Dieu qu'il fut, et l'homme cassé, déformé, perclus de douleurs dont il finit par donner le spectacle, accréditèrent l'idée chez certains esprits cardinalices qu'élire un homme trop jeune comporterait le risque d'une fin de pontificat en demi-teinte. Assorti de l'inconvénient d'un ralenti de l'administration de l'Église.

D'autres estimaient qu'un tel souci d'efficacité devait demeurer étranger à l'Église. Selon cette conception, un Pape, même usé, garde toute sa fécondité spirituelle. Ne serait-ce que par son témoignage de proximité avec ceux qui souffrent. L'agonie du Christ reste le modèle suprême à imiter. Que les cardinaux aient hésité pour l'une ou l'autre de ces options démontre que cet aspect de l'élection, certes non essentiel au regard de l'enjeu, n'est pas anodin. Il a effectivement pesé sur les consciences.

Et, de ce point de vue, les dernières années de Jean Paul II auront favorisé une réflexion nouvelle sur ce qu'il est convenu d'appeler « l'âge du capitaine ». Sans que personne d'ailleurs trouve la solution idéale, comme l'a encore démontré ce conclave. En effet, les cardinaux peuvent toujours choisir un Pape jeune, et ses avantages, mais ils ne maîtrisent jamais l'échéance de son départ puisqu'il est élu à vie ! Après la longue et pénible fin de pontificat de Jean Paul II, Benoît XVI, pourtant âgé, va ainsi apporter sa pierre, renouveler, donner une impulsion spirituelle, réorienter un système bureaucratique qui a parfois tendance à se concentrer sur lui-même. Mais avoir choisi un Pape aussi âgé laisse encore plus ouvert le doute sur sa capacité à maintenir un tel dynamisme dans ses années de vieillesse.

Il y a là comme un pari sur l'avenir. Certains l'assument très bien considérant que la destinée de l'Église catholique est entre les mains de son fondateur, le Christ. D'autres, sans se départir d'une vision spirituelle, se demandent si la fonction papale ne pourrait pas être assujettie à une limite d'âge ou de capacité. Les cardinaux en ont parlé dans leur bilan avant le conclave. Elle est de soixante-quinze ans pour les évêques et cardinaux. Dans la société occidentale, elle est une norme dix à quinze ans plus tôt. Les capitaines fondateurs d'industrie qui pouvaient encore faire exception n'y échappent même plus aujourd'hui. Mais l'Église est-elle une société occidentale ? Les raisons qu'elle invoque pour le maintien de cette règle sont essentiellement d'ordre spirituel. Le Christ, selon l'Église, a confié une mission aux apôtres, sans limite. Lui-même a reçu sa mission jusqu'à la mort, sans condition. Ce modèle est ainsi appliqué à la fonction papale.

À ce point, deux positions alimentent le débat. L'une, inspirée de l'Église orthodoxe, considère que le couperet des soixante-quinze ans imposé par Paul VI aux évêques n'a aucun sens pour les pasteurs d'âmes. Maîtres spirituels, ils sont censés se bonifier en vieillissant. Ce principe, admis dans toutes les traditions religieuses, devrait l'être pour l'Église catholique. Dans cette perspective, aucune limite – sinon la volonté de démissionner ou le retrait de mandat en cas d'incapacité totale et définitive publiquement constatée (même si ce point suscitait encore un débat en février 2005, deux mois avant la mort de Jean Paul II entre les canonistes, les spécialistes du droit de l'Église) – ne devrait s'appliquer au Pape. Quant à l'autre position elle viserait à fixer pour le Pape l'âge de retraite à quatre-vingts ans.

Il semble toutefois qu'une évolution se soit produite sous le pontificat qui vient de s'achever. Elle concerne la période finale, la plus délicate. Il s'agit de la gérer autrement mais sans nuire à la succession apostolique sur le siège de Pierre. Ce point est fondateur en effet de l'autorité spirituelle dans l'Église catholique : l'un à sa mort est remplacé par l'autre, ils assurent une chaîne continue dans l'histoire.

Jamais confirmée officiellement, une formule, peut-être un triumvirat de cardinaux (mais d'autres hypothèses ont circulé), a très vraisemblablement été prévue, selon la volonté de Jean Paul II, pour gérer les affaires courantes en cas de sénilité du Pape. Cette solution technique, une sorte de régence, permettait de sauvegarder, le siège de Pierre, c'est-à-dire la succession apostolique tout en assurant une gestion *a minima*.

Les progrès de la médecine aidant, l'Église ne pourra toutefois plus éluder longtemps cette question. Il en va de la sainteté de sa mission, objecte-t-elle. Mais force est de constater que le dynamisme de celle-ci peut être remis en cause. Cette évidence objective, lors de la toute dernière partie du pontificat de Jean Paul II, aura reposé et renouvelé ce débat au sein de l'Église. Comme jamais auparavant ce conclave se sera posé la question de la longévité potentielle du pontificat, et donc de l'âge de l'élu.

Difficile de remplacer un héros

Trois circonstances – longévité du pontificat, épuisement des champions de ce pontificat, collège électeur majoritairement nommé par Jean Paul II – ont donc inévitablement conditionné ce conclave sur le long terme. Mais un dernier vecteur, moins objectif, a joué, lui aussi, un rôle déterminant : la personnalité de Jean Paul II. Avant sa mort, deux paradoxes étaient déjà apparus. Les deux étaient liés à la personnalité de ce Polonais élu en 1978 : la question du charisme personnel du nouveau Pape après celui, assez époustouflant, de Jean Paul II et le problème plus technique du gouvernement de l'Église.

Des défis plus importants s'imposaient – ils seront traités plus loin – mais l'aura de ce Pape fut telle que sa succession a quelque peu paralysé le choix des cardinaux. Ils ont été très impressionnés par les obsèques « planétaires » de Jean Paul II. Ne venait-il pas d'enterrer l'un des personnages historiques du XXe siècle ? Une sorte de monstre sacré, médiatique, mondial, comme aucun Pape ne l'avait jamais été. Mais pourquoi cet aspect, apparemment avantageux pour l'Église, a-t-il handicapé ce conclave ? Tout simplement parce que la surface publique du Pape, propre à Jean Paul II, n'est pas forcément la qualité première recherchée pour cette fonction. Dans l'Église, les qualités de représentation publique avec « casting » à l'appui sont loin d'être déterminantes. La profondeur spirituelle, l'effacement personnel en vue de l'unité de l'ensemble sont plutôt cultivés. Soit l'antipode des critères médiatiques...

On parle davantage de charisme que de casting. Paul VI, Jean Paul Ier ont eu le leur... Mais personne, en 1978, date de l'élection de Jean Paul II, n'était capable d'imaginer la portée de ce Polonais. Personne, en le voyant apparaître pour la première fois au balcon de Saint-Pierre – pas même ses compatriotes – ne soupçonnait ce que serait sa puissance télégénique, le charisme qui émanerait de sa personne, l'originalité de sa pensée, son rayonnement spirituel et son rôle historique. De même, dans un autre style, en 1958, quand Jean XXIII fut élu à l'âge de soixante-dix-sept ans. Ce Pape de transition, cet homme au bon sourire, *a priori* prévisible, provoqua pourtant une révolution dans l'Église en convoquant le concile Vatican II !

Qui peut aujourd'hui prédire la portée du rayonnement de Benoît XVI ? Son apparence extérieure n'a pas *a priori* joué de rôle. Le pontificat de Jean Paul II a en effet placé la papauté sur une nouvelle orbite. Beaucoup plus internationale qu'elle ne l'était, plus médiatique, plus exposée aussi aux gloires et à la vindicte publique. Cette contrainte est devenue incontournable dans le nouveau cahier des charges du Pape, à moins que l'Église catholique n'ait subitement décidé de se soustraire, pour le siècle à venir, aux écrans télévisés, qui sont pourtant ses nouvelles cathédrales universelles.

Enfin la personnalité de Jean Paul II a résolument infléchi le style de la gestion de l'Église comme on le verra. Jean Paul II, de ce point de vue, s'est davantage comporté en enseignant, en pasteur, qu'en patron et gestionnaire. En particulier vis-à-vis de la curie romaine, et des affaires internes de l'Église, qui n'étaient visiblement pas sa priorité. Pour simplifier, certains dossiers furent mis en attente ou travaillés par les seuls techniciens, prélats certes, mais parfois dépourvus de toute vision à long terme.

Il importait donc, aux yeux d'une majorité de cardinaux, de revenir avec ce nouvel élu à une meilleure gestion des hommes et des dossiers brûlants qui empoisonnent la vie interne de l'Église. La question était toutefois controversée car d'autres envisageaient plus que jamais à un pontificat ouvert sur le monde. Un « style » papal itinérant à la manière d'un pasteur, mondial et global, qui finirait un tour du monde pour en entamer un autre.

Un conclave virtuel commencé beaucoup trop tôt, il y a dix ans, a conduit à un étrange paradoxe : alors que la mort de Jean Paul II était prévisible tant son état de santé se dégradait, les cardinaux ont été comme pris de court le 2 avril 2005. La succession n'était pas préparée. Le système semblait s'être endormi depuis quelques temps dans une attente dont il ne voyait plus la fin, paralysé par l'ampleur de la personnalité et d'un pontificat qui s'éteignaient à petit feu.

3.

Un favori qui ne devait pas être élu

« J'ai dit au Seigneur : ne me fais pas cela ! »

« Oui, j'accepte. » Le sort est jeté, la voix est décidée, le sourire abandonné et confiant. Si la frêle silhouette de Josef Ratzinger, assure un cardinal témoin, ressemble à une offrande en ce soir du 19 avril 2005, les bras légèrement ouverts, le dos un peu voûté, le regard plongé vers le sol, il n'est plus homme à hésiter puisqu'il a été choisi en vingt-quatre petites heures, et confortablement élu. Sous *Le Jugement dernier* les applaudissements crépitent. Soulagement toutefois après un court instant de doute...

L'évidence du verdict venait pourtant de tomber : il était élu. Élu Pape. Successeur de Pierre. Successeur immédiat de son ami Jean Paul II. Trop, beaucoup trop, pour un seul homme. Silence de plomb. Sa tête blanche entre les mains, assis sur son fauteuil de doyen des cardinaux, juste devant l'autel du vote, il pouvait encore refuser ou accepter. Demeurer assis ou se lever. Muer alors, ne plus s'appartenir, se donner totalement et définitivement. Entrer dans l'histoire aussi. Longues secondes pour une tâche d'éternité. Mais lentement sa tête se redresse. Le voilà, il se lève. Un sourire est son oui.

Il revient pourtant de loin. Si le cardinal Jean-Marie Lustiger a parlé de l'« évidence paisible » qui a saisi les 115 électeurs enfermés dans la chapelle Sixtine, elle était loin d'être acquise, vingt-quatre heures avant, au dernier tour de clé. Plusieurs cardinaux reconnaissent l'état de « confusion des esprits » qui les animait. La formule « *extra omnes* » prononcée par Mgr Marini l'après-midi du 18 avril pour couper ce lieu d'élection du reste du monde résonnait comme le signal d'une épreuve.

Car ce favori ne devait pas être élu. Son élection reste une surprise. D'abord pour le principal intéressé qui venait de fêter ses soixante-dix-huit ans trois jours plus tôt. Il s'est dit « stupéfait » lui qui attendait la fin de ce conclave pour remettre ses deux charges, doyen du Sacré Collège et Préfet de la Congrégation pour la doctrine de la foi, entre les mains du nouveau Pape ! À trois reprises il l'avait demandé à Jean Paul II, et toujours avait été éconduit. Pas de retraite donc, il devrait servir jusqu'à la mort.

À peine remis de son émotion, Benoît XVI a d'ailleurs confié son état d'esprit à des compatriotes allemands. « Je voudrais vous livrer quelque chose du conclave sans violer son secret. Quand, lentement, l'évolution des votes m'a fait comprendre que le couperet de la guillotine [en allemand "*das Fallbeil*"] allait me tomber dessus, ma tête a commencé à tourner. J'étais convaincu d'avoir accompli l'œuvre de toute une vie et de pouvoir espérer finir mes jours dans la tranquillité. J'ai alors dit au Seigneur : ne me fais pas cela ! Tu disposes de personnes plus jeunes et meilleures, qui peuvent affronter cette lourde charge avec un tout autre dynamisme et une tout autre force. Je suis alors resté très touché d'une lettre brève qu'un confrère cardinal m'avait écrite. Il m'avait rappelé qu'à l'occasion de la messe de Jean Paul II, partant de l'Évangile, j'avais centré l'homélie sur la parole que le Seigneur dit à Pierre, près du lac de Gennésaret : "Suis-moi !" J'avais alors expliqué comment Karol Wojtyla avait toujours reçu de façon renouvelée cet appel du Seigneur et comment il avait à chaque fois dû toujours renoncer à beaucoup de choses et dire simplement : oui, je te suis, même si tu me conduis là où je n'aurais pas voulu aller. Mon confrère avait écrit : si le Seigneur devait te dire maintenant "suis-moi" alors souviens-toi de ce que tu as prêché. Ne refuse pas ! Sois obéissant comme ce grand Pape que tu as décrit l'a été, lui qui est retourné dans la maison du Père. Ceci m'a touché au plus profond de mon cœur. Les voies du Seigneur ne sont pas faciles, mais nous ne sommes pas créés pour la facilité, mais pour de grandes choses et pour le bien. Et pour finir je n'ai pas pu faire autrement que dire oui... »

Deux blocs et non deux clans

Pour le Pape aussi les voies du Seigneur sont donc impénétrables ! De fait, il ne devait pas être élu. La déception sur le visage de certains cardinaux – dont de notables *papabili* – indique que le scénario

« anti-Ratzinger » s'est écroulé : un contre-feu avait effectivement été allumé une bonne semaine avant le conclave pour éviter son élection.

Les cardinaux étaient alors réunis en « congrégations générales ». Lors de cette phase préparatoire du conclave tous, électeurs ou éminences âgées de plus de quatre-vingts ans, échangent sur le bilan de l'Église, les priorités à venir, le profil du futur élu. Instances officielles, elles se déroulent le matin dans l'enceinte du Vatican, salle du synode, une sorte d'auditorium années cinquante, sans fenêtre, où ils siègent sur de sombres fauteuils en skaï noir. Rien à voir avec l'exubérance chromatique de la chapelle Sixtine. Mais avant de voter, discuter, s'entendre. Se connaître pour se reconnaître. Réunions formelles qui introduisaient chaque après-midi, dès l'heure du déjeuner, des rencontres informelles, chez des cardinaux résidents à Rome ou protégés par les murs spartiates de congrégations religieuses ou dans le confort de maisons cossues de la banlieue immédiate de la Cité éternelle. Mais cette fois, par affinité. Se découvrir un peu plus. Commencer à se compter...

Pendant cette semaine – entre les obsèques de Jean Paul II donc, et l'entrée en conclave – une rumeur très précise a commencé à circuler : un groupe de cardinaux était fermement décidé sur le nom du cardinal Ratzinger. Une trentaine, peut-être davantage, dont un cardinal latino-américain résident à Rome était l'un des leaders. On voterait pour Ratzinger, dès le premier tour, de façon à créer une dynamique positive en sa faveur espérant ainsi emporter les indécis. La même rumeur garantissait son assentiment potentiel à condition qu'un nombre significatif de suffrages expriment le désir de le voir élu.

La presse italienne se fit immédiatement l'écho de cette « nouveauté ». À cette date, les chances du cardinal Ratzinger paraissaient effectivement compromises même s'il avait été donné gagnant un mois plus tôt. Tactique de l'épouvantail en vérité : en pleine hospitalisation de Jean Paul II elle visait à accréditer, et surtout à mieux installer, l'idée très en vogue de la nécessité d'un Pape italien. Certes le cardinal Ratzinger était l'homme le plus expérimenté pour occuper cette fonction mais il était impensable de voir un Allemand, très âgé, Préfet de la Congrégation pour la doctrine de la foi, sur le trône de saint Pierre. Tout comme d'ailleurs sortait de l'entendement l'élection d'un Polonais en 1978. Il y eut donc, après cette rumeur, une journée Ratzinger dans les gazettes... Significatif, elle fut suivie, dès le lendemain, par une journée Martini ! Du nom du cardinal Carlo Maria Martini. Ancien archevêque de Milan, à la retraite mais seul « rival » à la taille du cardinal Ratzinger.

S'enclenchait alors une première dynamique, binaire, du futur conclave. Non pas deux clans, car aucun des deux hommes n'expriment une psychologie de chef de file, mais deux blocs, avec toutes leurs sensibilités. Des courants cristallisant des alliances de circonstances sur deux personnalités-symboles de l'Église catholique. « *Candidatura bandiera* », disent les Italiens, « porte-drapeau ». Utile pour se compter au premier tour mais sans chance réelle, elle vise à introduire, par report de voix, un autre nom. Le cardinal Ratzinger, théologien internationalement reconnu, incarnant la continuité du pontificat de Jean Paul II, la rigueur de la doctrine, une angoisse pour la situation de la foi dans l'Église et un souci d'approfondir avant de réformer. Le cardinal Martini étant perçu comme le champion de l'ouverture au monde, associant à une volonté de réforme l'espérance pour l'avenir liée à une haute tenue théologique et spirituelle.

Cette première dynamique fut suivie, les jours d'après, par une seconde, logique, puisqu'elle formulait l'hypothèse de la neutralisation réciproque des deux grands champions. Elle ouvrait donc à la confrontation de personnalités de moindre envergure. Et surtout moins âgés. Dans la ligne de Martini, l'archevêque de Milan, Dionigi Tettamanzi ; l'archevêque argentin de Buenos Aires, jésuite, le cardinal Jorge Mario Bergoglio. Dans la ligne de Ratzinger, le cardinal archevêque de Vienne Christophe Schönborn, l'archevêque de Gênes, le cardinal Tarcisio Bertone, ou le vicaire du Diocèse de Rome et président de la conférence des évêques italiens, le cardinal Camillo Ruini. En descendant les étages, une liste d'une vingtaine de noms, sur les 115 électeurs, représentait, plus ou moins, ces deux grandes tendances. Et plus la date d'entrée en conclave approchait plus des noms aussi peu connus qu'originaux faisaient surface.

La veille du jour J la confusion était à son comble comme le confiaient certains cardinaux. Pas pour tous cependant. L'un des plus expérimentés, excellent connaisseur de la curie et de l'Église dans le monde, confiait à ce moment : « Il n'y aura pas de Pape africain, ni asiatique. Cela va se jouer entre l'Europe et l'Amérique latine. Ce sera ou très court, ou très long. Il s'agit de perpétuer la visibilité et la crédibilité retrouvées de l'Église catholique et d'insister sur son identité. »

Pas de goût pour l'aventure

Cette phase de pré-conclave, en effet, n'était pas seulement consacrée à résoudre des équations de mathématique cardinalice. Les électeurs et non-électeurs se livraient aussi à un bilan de l'Église pour en cerner les urgences et les priorités. De ce travail ils ne parlaient pas puisqu'ils avaient voté, en ce début de session préparatoire du conclave, une loi du silence média absolu.

Leur première conclusion était qu'ils recherchaient un Pape de transition apte « à digérer l'œuvre de Jean Paul II », selon l'un d'eux. Restait ouverte la question de son âge, les « jeunes » de soixante ans étant *a priori* exclus. Ils n'avaient d'ailleurs pas de goût pour l'aventure ou pour l'exotisme. L'appartenance nationale semblait de moins en moins déterminante, sauf pour les cardinaux des États-Unis, hors course en raison de la puissance de leur pays. D'autant qu'une réception de ces cardinaux par le président Bush à l'ambassade des États-Unis en Italie, avant l'enterrement de Jean Paul II, avait été très mal appréciée et perçue à la limite de l'ingérence. Enfin, le critère spirituel, « un homme de Dieu », apparaissait quant à lui plus déterminant que la capacité politique ou médiatique.

À côté de ce profil, les dossiers prioritaires étaient assez nombreux. La question de la gouvernance de l'Église. « Collégialité » en terme technique, c'est-à-dire partage du pouvoir entre les évêques et le centre romain dont beaucoup ont souffert de la bureaucratisation pendant les dernières années du pontificat. La question des « mouvements » (lire chapitre 7), essentiellement composés de laïcs, dont le développement avait été privilégié par le Pape précédent au détriment, selon beaucoup de cardinaux, des diocèses et des ordres religieux. Ils souhaitaient voir remis à leur place ces enfants terribles de la génération Jean Paul II. La question des vocations sacerdotales, le dialogue avec les autres Églises chrétiennes et avec les autres religions.

Et, point de divergence entre la ligne Ratzinger et la ligne Martini, la mise en œuvre du concile Vatican II dont l'Église célèbre, en 2005, le quarantième anniversaire de la clôture des travaux. Deux écoles, l'une de « l'esprit du concile », retenant et souhaitant développer ce qu'elle considère comme l'apport majeur de ce concile, à savoir « l'ouverture au monde » de l'Église catholique, vision plus sociale et plus politique ; l'autre, école de la « lettre du concile » retenant et souhaitant développer ce qu'elle considère comme l'apport majeur, le recentrage christologique de l'Église catholique, vision plus spirituelle qui place le Christ comme source de toute autre considération. « Visibilité, crédibilité et identité » apparaissaient en somme comme les trois points d'un programme plutôt partagé dans le corps cardinalice.

« *Extra omnes !* »

Dans l'après-midi du dimanche 17 avril les cardinaux arrivent ainsi, un à un, au Vatican. Ils entrent par la grille de la salle Paul VI, à gauche en regardant la basilique Saint-Pierre, munis d'une valise puisque le conclave pouvait durer plus d'une semaine. Nouveauté par rapport à 1978, ils ne s'installent plus en chambrée de fortune dans les splendides pièces jouxtant la chapelle Sixtine, séparés les uns des autres par de simples tentures, sans commodité sinon des brocs d'eau et des pots de chambre ! C'était lors du millénaire précédent... Jean Paul II avait voulu pour le premier conclave du troisième millénaire que soit construite dans l'enceinte du Vatican une hôtellerie digne de ce nom, la maison Sainte-Marthe, sobre mais très confortable.

Tous y prennent donc tranquillement leurs quartiers. « Ce fut un sas de décompression très important, note le cardinal Paul Poupard, président du conseil pontifical pour la culture, une bonne transition entre les congrégations générales et l'entrée en conclave prévue le lendemain. Cela nous a permis de passer une soirée de partage marquée par la gravité de ce qui nous attendait mais aussi par une grande sérénité. Nous étions là, entre nous, comme des frères. »

Lendemain matin, lundi 18 avril, messe solennelle « pour l'élection du pontife romain ». La gravité des 115 est palpable, visages fermés, traits tirés, physiquement accablés par le poids de la responsabilité. Et, puis, à 16 h 30, l'entrée dans la prestigieuse chapelle Sixtine où ils ont prêté serment. De respecter le règlement du vote, « de ne violer en aucune façon » le secret de l'élection, de ne favoriser « aucune ingérence » des « autorités séculières » ou de « groupes ou individus » qui voudraient « s'immiscer dans l'élection du Pontife romain ». Enfin et surtout : « Nous promettons, nous faisons le vœu et nous jurons que quiconque d'entre nous sera, par disposition divine, élu Pontife romain, s'engagera à exercer fidèlement le *munus petrinum* [la charge de Pierre], de Pasteur de l'Église universelle et ne cessera d'affirmer et de défendre avec courage les droits spirituels et temporels, ainsi que la liberté du Saint-Siège. » La formule « *extra omnes* » enjoignant ceux qui ne sont pas admis en ce lieu de sortir fut prononcée. La lourde porte fermée.

« Je donne ma voix à... »

Commence alors le premier scrutin. Chaque cardinal, ayant inscrit de façon lisible mais non reconnaissable, le nom de son élu sur un formulaire spécial, s'avance vers le fond de la chapelle en tenant ce bulletin à main haute, plié et visible de tous. Puis, une fois devant l'autel, il prononce un nouveau serment – une haute responsabilité pour un croyant – à haute et intelligible voix : « Je prends à témoin le Christ Seigneur, qui me jugera, que je donne ma voix à celui que, selon Dieu, je juge devoir être élu. » Il pose son bulletin sur une patène, petit plat de forme ovale, et laisse glisser le bulletin dans un large calice, puis retourne à sa place.

Ce premier vote, dit « vote de sondage » dans le jargon interne, ne peut donner lieu à une élection. C'est plutôt l'heure de vérité. Amère pour certains *papabili* tant de fois cités dans la presse qui peuvent n'obtenir pas même une voix. Ou une seule, la leur même si le règlement l'interdit et comme il est déjà arrivé dans un conclave ! Décalage entre les élans médiatiques et le jugement des pairs...

Rien à voir en effet avec une élection politique. Aucun des cardinaux ne se porte publiquement candidat. C'est plutôt un chapitre de frères. Dans leur for intérieur et le silence, ils décident ensemble, par tâtonnements successifs à travers les différents scrutins, celui qui est le plus à même de les représenter. Les combinaisons sont multiples et versatiles. Il y a le jeu des leaders, les grands électeurs, et des groupes de suiveurs... Selon les scrutins les uns et les autres peuvent changer d'avis, voire de tendances, en fonction de la personne qui monte, ou qui stagne, et d'elle seule. L'enjeu est de taille, pour l'Église et pour eux qui en forment le sénat.

Ils devront, sitôt l'élection, prêter un serment d'obéissance et de fidélité à celui qu'ils auront choisi. D'où un très haut degré d'exigence pour l'élu et peu de pitié pour ceux qui, sans en avoir la capacité, se seraient trop mis en avant. « C'est vrai, confiait un cardinal, à propos d'un nom très en vue, il ressemble au bon Pape Jean [Jean XXIII] mais il n'en a pas le poids... »

Ce que l'on sait avec certitude, même si les cardinaux sont tenus au secret, est que la soirée du lundi 18 avril a dû être active à la maison Sainte-Marthe. Après ce premier vote les cardinaux y sont revenus, sous bonne escorte, évitant tout contact avec l'extérieur – un parapluie de brouillage électronique empêchait toute communication tant dans la chapelle Sixtine que dans l'hôtellerie – pour le dîner et pour dormir. La chapelle de cette maison, au rez-de-chaussée du bâtiment, dont les baies vitrées donnent sur le mur d'enceinte du Vatican, a dû accueillir plus d'une méditation et beaucoup de prières. Et les petits salons, toujours au rez-de-chaussée à côté de la salle à manger, plusieurs conciliabules...

Retour dans la Sixtine, mardi matin, pour le premier des quatre votes prévus ce jour-là. Et, coup de théâtre, les suffrages Ratzinger qui, selon plusieurs sources, dépassaient d'assez peu la veille au soir, selon deux blocs importants, les suffrages Martini, augmentent significativement mais sans encore atteindre les 77 votes, ce deux tiers des voix nécessaires à ce stade du conclave pour être élu (le règlement prévoit en effet la possibilité pour les cardinaux d'élire le Pape à la majorité simple, 50 %, en cas de prolongement excessif du conclave). Même tendance, juste avant le déjeuner, pour le second et dernier scrutin de la matinée. Sans élection toutefois. Fumée noire issue d'un feu alimenté par les bulletins de vote reliés par un fil et brûlés dans le vieux poêle en fonte installé en 1939. Il a servi à cinq conclaves.

Dernier signal noir en fait car le premier vote de l'après-midi, et quatrième de ce conclave, est décisif. Le quorum des deux tiers est nettement dépassé. Le cardinal Josef Ratzinger est élu. Fin d'un conclave les plus brefs de l'époque moderne. Seul Pie XII en 1939 avait été élu en trois tours de scrutins. Quatorze avaient été nécessaires pour Pie XI en 1922 ; huit pour Jean Paul II en 1978.

Un ralliement d'une ampleur inattendue

Deux confidences, de très haut niveau et de la même tendance opposée au cardinal Ratzinger démontrent qu'un ralliement dont l'ampleur était imprévisible s'est produit pendant ces courtes vingt-quatre heures. « Je peux vous le garantir, le cardinal

Ratzinger ne passera pas », affirmait l'une, l'avant-veille du conclave ; « tout va très bien se passer », suggérait dans le même esprit un autre le jour de l'entrée en conclave... Car, effectivement, ce Pape ne devait pas être élu à commencer par le handicap de son âge.

Sans doute l'Esprit saint, lui, a fait son œuvre puisque l'Église catholique s'y remet totalement pour l'élection. « Il se cache dans l'imprévu », s'amusait un cardinal avant le conclave. Mais ce retournement – avec la précaution de méthode liée à la difficulté de garantir absolument des informations – peut s'expliquer à la fois techniquement et politiquement.

Techniquement, ceux qui se seraient portés en masse au premier tour – plus d'une trentaine affirment certains – sur le cardinal Martini savaient qu'il n'accepterait jamais d'être élu. Ancien archevêque de Milan, jésuite, bibliste de renom, il passe le meilleur de sa retraite à Jérusalem, partagé entre la prière et l'étude. Ce grand prince, conscrit de Ratzinger son cadet de deux mois, est effectivement l'une des grandes figures de ce pontificat, mais il est affecté par une forme de la maladie de Parkinson. Il marche avec une canne et n'envisageait d'aucune manière une telle perspective. Tout au plus avait-il consenti à servir de repère au premier tour.

Que s'est-il passé ensuite ? Deux hypothèses circulaient à Rome la semaine qui a suivi l'élection du nouveau Pape. Ou le cardinal Martini a indiqué la voie Ratzinger moyennant quelques garanties sur les orientations du pontificat. Très probable tant les deux hommes, différents, s'estiment et se respectent. Et tant une caricature enferme le cardinal Martini en

« progressiste » comme Ratzinger en « conservateur », alors que ce grand théologien est un homme très classique. Choisi et élevé à la pourpre cardinalice par Jean Paul II, nommé à Milan à un poste stratégique par ce même Pape, il a surtout combattu les dérives centralisatrices de la curie romaine de la seconde partie du pontificat et a débattu avec Jean Paul II comme un bibliste avec un philosophe. Une seconde hypothèse peu probable a circulé avec insistance. Il y aurait eu, derrière Martini et à sa suite, la candidature d'un autre jésuite, le cardinal de Buenos Aires, Jorge Mario Bergoglio, argentin et latino-américain mais qui n'aurait pas décollé le mardi matin de l'élection. Assez peu crédible toutefois.

Deux hypothèses impossibles à vérifier dans le détail. Il faudra plusieurs années – et parfois rien ne transparaît en raison du serment de secret, ou seulement une confidence mais n'émanant que d'une seule source – pour établir avec certitude l'état exact du rapport des forces en présence. Mais cette information numérique sur les scrutins apporterait peu en raison de la brièveté de ce conclave. Très rapide, il a été très simple dans son mécanisme, sans réelle alternative. Et surtout cohérent avec la sensibilité des 115 cardinaux électeurs que l'on avait tendance à oublier dans les pronostics. Ces hommes ne sont pas un parlement représentatif des sensibilités ecclésiales mais sont choisis pour leur fiabilité.

« Nous ne sommes pas des monstres »

Le plus important, à vrai dire, ne réside pas dans ces explications techniques. Le point fondamental tient dans l'analyse « politique » et ecclésiale de cette élection.

Premier élément : le cardinal Ratzinger a gagné la confiance d'un grand nombre d'indécis une semaine avant le vote. Ils l'ont vu agir depuis les funérailles du Pape et pendant les congrégations générales qu'il présidait comme doyen du Sacré Collège, poste où l'avait nommé Jean Paul II. Totalement desservi par l'étiquette du « *Panzerkardinal* » plusieurs ont découvert un homme travaillant sans modifier sa méthode habituelle : écouter, faire parler ceux qui ne s'expriment pas et, une fois recueillis tous les avis, reformuler pour ensuite décider collégialement.

Le cardinal Tarcisio Bertone, aujourd'hui archevêque de Gênes, a été son collaborateur direct pendant sept ans de 1995 à 2002. Il confia juste après l'élection à l'hebdomadaire italien *Famiglia Cristiana* : « Dans les réunions à la Congrégation pour la doctrine de la foi on procédait de façon très collégiale, chose rare dans les congrégations romaines. Lui écoutait tout le monde, ensemble on préparait la liste des questions qui passait au Pape pour une décision finale. Il n'était pas rare qu'il fasse sienne l'opinion du plus jeune d'entre nous. Ça le motivait, il disait que c'était la règle de saint Benoît où même le moine le plus jeune peut offrir un avis utile sur le gouvernement du couvent. J'ai toujours été surpris par sa caractéristique de ne jamais imposer son point de vue, tout en étant un très grand théologien. »

Ce sens de la collégialité, qui apparaît aussi à toutes les pages de son livre interview avec le journaliste allemand Peter Seewald, *Le Sel de la Terre* [1], a ainsi impressionné les cardinaux qui ne le connaissaient pas : « Je dois coordonner le travail en collégialité, raconte-t-il, et l'orienter de manière qu'il en sorte quelque chose. [...] Nous n'inventons rien nous-mêmes, nous suivons la ligne des grandes réflexions de la foi. En second lieu, nous ne concrétisons rien, sans prendre largement conseil, et nous ne recevons pas d'opinions isolées ; les décisions sont prises seulement quand s'est dessinée une convergence dans un cercle représentatif de conseillers. L'important c'est de ne pas outrepasser ce qui est déjà à notre disposition dans la foi – ce qui naturellement doit être actualisé –, et de voir qu'une unanimité s'instaure dans une moyenne raisonnable. » Il dit encore dans le même livre toujours à propos de la Congrégation pour la doctrine de la foi : « Je me considère comme le modérateur d'une grande communauté de travail. [...] Dans l'assemblée des cardinaux nous ne décidons jamais rien si les consulteurs ne sont pas tous d'accord pour l'essentiel, parce que nous disons : si, parmi de bons théologiens, il y a des avis nettement différents sur des points de doctrine, nous ne disposons pas d'une lumière supérieure pour déclarer que seul cet avis-là est le bon. Ce n'est que lorsqu'il y a une large unanimité, une convergence essentielle dans cette communauté de conseillers que nous décidons. » Sa fulgurance intellectuelle aussi a subjugué, à travers sa maîtrise des débats et des dossiers.

---

1. *Op. cit.*

Un détail corrobore cet ensemble, sa devise épiscopale. Elle est formulée au pluriel car le travail en groupe est chez lui une culture et une conviction : « collaborateurs de la vérité » et non collaborateur de la vérité... Enfin, cette remarque dans cette même interview : « qui entre en contact avec nous voit bien que nous ne sommes pas des monstres mais que nous essayons toujours de trouver une solution sensée... » Sans doute les cardinaux qui ne le connaissaient pas ont expérimenté que le cardinal Ratzinger n'était pas la caricature dont on leur avait parlé.

Second élément déterminant pour expliquer le ralliement sur son nom d'une aile cardinalice moins classique : contrairement à son image de « conservateur », le cardinal Ratzinger mène depuis des années un discret combat de fond à l'intérieur même de la branche conservatrice de l'Église catholique. Cette tendance avait fini par placer le problème de la morale avant celui de la foi. Non que Benoît XVI soit permissif mais il remet cette question à sa place. Une conséquence de la vie de foi et non une finalité. Il est convaincu qu'inverser cet ordre finit par éloigner les gens du christianisme. Le but pour lui – il l'a expliqué à de multiples reprises – est de lier amitié et connaissance avec le Christ. Le comportement moral vrai, qu'il distingue de l'attitude moralisatrice, s'enracine alors dans la vie de foi. Il n'est pas subjectif pour autant, mais il est humain avec ses hauts et ses bas, sa fragilité, et chrétien, puisant sa force et son dynamisme dans le Christ et sa miséricorde. Et non dans le mythe d'un surhomme chrétien pur et parfait. De ce point de vue il critique sans merci l'idéalisme et prône un réalisme concret.

À une question sur la sexualité il répond sobrement : « J'essaie certes d'éviter que nous réduisions la morale ou même le christianisme au sixième commandement[1]. » Et plus loin : « Si l'on veut résister au mal, il est d'autant plus important de ne pas tomber dans un sombre moralisme qui n'ose plus se réjouir, mais de voir réellement toute la beauté qui subsiste et, à partir de là, de résister contre ce qui détruit la joie. »

Il ne serait donc pas surprenant, compte tenu de tout ce qu'il a écrit depuis des dizaines d'années, de constater un infléchissement d'accent où l'on insisterait maintenant sur la priorité de la foi, de la formation chrétienne, avant celle de la morale. Il faut d'ailleurs noter qu'aucune de ses premières interventions en tant que Pape n'a insisté sur la morale. C'est toujours la foi qu'il a placée en premier lieu. « Nous avons besoin d'une sorte de révolution de la foi », assurait-il dans l'interview citée explicitant plus loin son propos : « Le Seigneur ouvre pour ainsi dire une école de bonheur, présente à l'humanité le christianisme comme une école de bonheur. » Et encore : « Mon impulsion fondamentale a toujours été de dégager le cœur propre de la foi sous les couches sclérosées et de donner à ce cœur force et dynamisme. Cette impulsion est la constante de ma vie. »

Le choix de ce conclave le démontre : un très large consensus existe dans l'Église sur l'urgence de remettre la foi au centre. Notamment face à l'islam

---

[1]. « Tu ne commettras pas d'adultère. »

– il en a été question lors des discussions du pré-conclave – dont « la force intérieure » fascine selon l'observation même du cardinal Ratzinger. Par contraste, elle interroge les chrétiens sur la force, le dynamisme et la conviction de leur propre foi souvent associée à une image de résignation ou du déclin...

Quant à la question de la foi chrétienne dans la société, il faut s'attendre à une certaine tonicité de propos. N'explique-t-il pas dans cette interview : « J'entendais résonner à mes oreilles les paroles de la Bible et des Pères de l'Église, qui condamnent avec la plus grande rigueur les bergers qui sont comme des chiens muets, et pour éviter les conflits, laissent le poison se répandre. La tranquillité n'est pas le premier devoir du citoyen, et un évêque qui ne chercherait rien d'autre qu'à éviter les ennuis et à camoufler le plus possible tous les conflits est pour moi une vision repoussante. »

Mise en pratique, le samedi 7 mai 2005. Benoît XVI prenait possession de sa cathédrale d'évêque de Rome, qui n'est pas la basilique Saint-Pierre, mais la basilique du Latran. Une occasion pour lui d'expliciter sa vision du rôle de l'évêque de Rome : « Le ministère du Pape est la garantie de l'obéissance au Christ et à Sa Parole. Le Pape ne doit pas proclamer ses propres idées mais se lier constamment, lui-même et l'Église, à l'obéissance à la Parole de Dieu, devant toutes les tentatives d'adaptation, d'accommodement et face à tout opportunisme. [...] Ainsi, son pouvoir n'est pas au-dessus, mais au service de la Parole de Dieu, et sur lui repose la responsabilité de faire que cette Parole puisse conserver sa grandeur et puisse résonner dans sa pureté, et non dispersée au gré des changements continuels des modes. »

Le schéma-type d'un Pape de transition

Troisième élément : ce n'est certes pas une surprise, mais l'Église, à ce niveau de responsabilité, n'aime pas l'aventure. Elle a été très bousculée avec Jean XXIII, a douté d'elle-même avec Paul VI, c'étaient les années soixante-dix, a repris de la vigueur avec Jean Paul II dépassant largement son cadre habituel et entrant avec puissance dans la médiatisation mondiale comme l'a démontré la couverture des funérailles du Pape (six mille cinq cents journalistes accrédités, pour trois cents en période courante) et le conclave. Beaucoup de cardinaux souhaitaient donc marquer une pause, réfléchir, se réorienter si nécessaire, notamment pour la mise en œuvre du concile Vatican II. D'où le schéma, c'est ici un cas d'école, d'un Pape de transition. Peu imaginaient un Pape aussi âgé – l'âge de Jean XXIII quand il fut élu –, mais tous ses électeurs sont parfaitement conscients de la limite, et du risque, qu'ils se sont ainsi imposés.

Transition ne rime pas pour autant avec révolution. Ceux qui espéraient un concile Vatican III risquent d'être déçus. Le cardinal Ratzinger, dans l'interview citée, défend une position précise : « Nous en avons encore pour longtemps avant de maîtriser Vatican II. Un Vatican III ne serait pas le bon moyen d'y parvenir. Ce qui a lieu régulièrement ce sont les synodes d'évêques. Je crois que c'est un instrument bien plus adapté, plus réaliste.

[...] Un concile n'est pas une sorte de *deus ex machina* qui décréterait les bonnes décisions. »

Pas d'aventure non plus avec les nouveaux mouvements (lire chapitres 8 et 9) pour qui le cardinal Ratzinger a de l'estime. Mais il les a toujours, en théologien, replacés dans une vision globale de l'Église, jamais sans la responsabilité de l'évêque. Un point très apprécié dans le corps cardinalice qui pouvait se sentir éloigné de Jean Paul II à cet égard. Application concrète adressée à certains de ces mouvements dès le 7 mai 2005 par le nouvel évêque de Rome dans la basilique du Latran : « La mission de l'Esprit est d'introduire l'Église, de façon toujours nouvelle, de générations en générations, dans la grandeur du mystère du Christ. L'Esprit n'apporte rien de nouveau ou de différent à côté du Christ ; il n'existe aucune révélation de l'Esprit[1], il n'y a aucune révélation de second niveau. »

Il est enfin frappant de constater à quel point la figure médiatique du Pape n'a pas compté dans le choix des cardinaux. Benoît XVI a son style, apprécié des journalistes romains par son goût prononcé pour le débat d'idées lors des conférences de presse et surtout par différence avec ses confrères cardinaux dont certains toisent les journalistes, considérés comme un mal nécessaire, ou d'autres qui cherchent à les séduire... Mais, encore une fois, pas d'aventure sur ce point, les cardinaux n'ont pas cherché une « star » potentielle. Le cardinal Ratzinger a toujours privilégié la fonction avant l'homme comme il l'expliquait nettement dans son

---

1. *Pneumatica* dans le texte original italien, signifie venant de l'Esprit.

livre interview : « Quand on veut mettre en relief des éléments personnels, on en vient facilement à trop en introduire dans la fonction que l'on exerce. »

Créer un nouveau gouvernement

Quatrième et dernier élément majeur qui peut expliquer l'élection de Benoît XVI, et donc des ralliements de toute part, sa critique permanente de l'inflation des structures de l'Église. À la question de Peter Seewald « qu'est-ce qui vous gêne au Vatican ? » il répond spontanément « je crois que l'on pourrait bien un peu réduire l'administration ». Il le pense aussi pour les Églises locales. Le développement du christianisme ne dépend pas à ses yeux de ses bureaux mais de la force de sa foi. Ce qui rejoint une critique majeure émanant de beaucoup de cardinaux à la fin du pontificat de Jean Paul II devant la remontée en puissance de la curie romaine. Elle fut inversement proportionnelle à l'affaiblissement du Pape et à son désintérêt pour la gestion.

Pour l'heure, Benoît XVI a reconduit provisoirement l'équipe en place. Sans attendre une réforme, beaucoup veulent un retour au « fonctionnement normal, selon le règlement interne », note un cardinal résidant à Rome. Il faut dire que le système ne tournait plus rond. Certains cardinaux, chefs de dicastères, et pas des moindres, n'arrivaient plus, malgré des demandes renouvelées, à être reçu en audience par le Pape depuis plusieurs années. L'équivalent du « conseil des ministres », réunion des chefs de dicastères, ne s'est pas tenu depuis des années. Certains ne comprennent toujours pas des séries de nominations, toujours ces dernières années, liées à des appartenances régionales italienne ! À des amitiés, voire à des réseaux... Ces pratiques, en créant de véritables clans, ont fini par changer l'état d'esprit de la maison. Certains ont même décrit un « Vatican parallèle », en double commande, celui de la curie et celui du Pape ! La machine curiale a toujours été complexe mais cette évolution a conduit à une telle exaspération qu'elle a été ouvertement évoquée lors des discussions préalables à l'élection.

Le nouveau Pape sait qu'il ne peut avancer dans son pontificat sans revisiter par le fond ce dossier. Il n'a pas la force de l'âge qui avait permis à Jean Paul II d'éviter ce problème de gestion en le contournant par une présence médiatique forte et par la multiplication des voyages. Il est bien placé pour savoir – il en a directement souffert pendant la dernière partie du pontificat – combien la curie peut isoler le Pape quand celui-ci s'affaiblit. Au point qu'il peut en devenir l'otage exactement sur le modèle de présidents qui finissent par dépendre de leur entourage qui se chargent alors de filtrer contacts et informations. Les mandats de présidents sont limités, celui de Pape ne l'est pas. Quand celui-ci s'affaiblit, le pouvoir bascule à un moment donné dans les mains de l'administration. La curie assure la continuité, mais elle n'est contrôlée que par elle-même. Et plus le temps passe, plus elle s'autorise du pouvoir, ce qui n'est pas ecclésial. L'importance du choix des collaborateurs est donc capitale. D'autant que le nouveau Pape n'a pas une psychologie autoritaire et privilégie le travail en équipe. Benoît XVI le sait et beaucoup de cardinaux résidents ou non résidents à Rome l'attendent sur ce point. Mais il a en face de lui des hommes qui n'ont pas été renouvelés depuis une dizaine d'années, voire une vingtaine d'années. Des hommes où il compte de vrais amis mais d'autres dont il ne partage pas les méthodes. Lui qui est tout sauf un homme de curie, lui, ce cas à part, qui tient en horreur les stratégies de couloirs... Il se sait donc déjà isolé de ce point de vue. Mais il sait aussi devoir changer l'air ambiant, ouvrir les fenêtres, remanier, déplacer, trouver des hommes neufs, des personnes de confiance. Une partie du succès de son pontificat et sa propre marge de manœuvre en dépendent directement. Il doit se constituer un nouveau gouvernement.

Il a d'ailleurs déjà démontré ce souci d'indépendance vis-à-vis de la structure. En tardant, par exemple, à « soumettre » le discours qu'il allait prononcer à Saint-Paul hors les murs une semaine après son élection, important texte sur la mission, à la secrétairerie d'État qui lui demandait pour... relecture ! Ou, en écrivant lui-même en latin, la nuit même de son élection, son premier message au cardinaux lu dans la chapelle Sixtine, le mercredi 20 avril, message programme. Ce n'est pas la secrétairerie d'État qui a rédigé ce texte comme elle en avait pris l'habitude depuis plusieurs années, mais le nouveau Pape en personne. De même pour son importante homélie du 7 mai 2005 lors de sa prise de possession de Saint-Jean-de-Latran, sa cathédrale, où il a développé sa conception de l'évêque de Rome. Mais cette marge de manœuvre, estiment de bons connaisseurs de la curie, il ne pourra la tenir longtemps sans une équipe à lui tant la force d'inertie de la structure interne peut annihiler les énergies les plus nouvelles.

Quelques leçons pour l'avenir

Conclave cohérent, finalement avec le diagnostic de crise de l'Église émis par les cardinaux et la réalité des hommes en présence. Conclave simple, rapide, sans affrontement, mais pas classique pour autant. Car ce premier conclave du millénaire confirme des tendances lourdes du fonctionnement de l'Église catholique : elle n'est pas une assemblée « politique » et l'élection de son premier représentant, si elle y ressemble, n'est pas de même nature. Deux cardinaux seulement sur 115 – dont Josef Ratzinger – avaient l'expérience des conclaves de 1978. Tous les autres étaient des novices.

L'un d'eux confiera avoir été impressionné par « le climat de silence et de prière » pendant les tours de scrutin qui demande chacun plus d'une heure. Ce fait incontournable, religieux, n'entre dans aucune équation rationnelle de la politique et des rapports de force. L'Église, elle l'affirme haut et fort, s'en remet à l'Esprit saint.

Autre tendance lourde, le rôle des « grands électeurs » et la mise à l'écart des groupes de pression. Ces grands électeurs ne sont prévus dans aucun règlement mais les sages, les plus brillants et les plus expérimentés du corps cardinalice « font » une bonne partie de l'élection. Ce sont eux qui servent de repères, de guides parfois, vers l'évolution majoritaire du vote qui reste un acte communautaire, celui d'une famille.

De même cette élection a démontré une certaine indépendance vis-à-vis des groupes de pression. S'il est vrai qu'un noyau de cardinaux était, depuis le début, décidé pour le cardinal Ratzinger, ils étaient loin de la majorité. Ce groupe a même pris le risque sans retour de créer une forte réaction de rejet rendant le plus mauvais service à celui qu'il souhaitait promouvoir. Par ailleurs, de sources cardinalices, les mouvements ou groupes quels qu'ils soient, toutes tendances confondues, et ils n'ont pas manqué, ont plutôt excédé en « surinformant » les cardinaux par différents dossiers pendant les congrégations générales. Enfin les commentaires de la presse italienne qui depuis des mois concluaient à la nécessité d'un Pape italien, les « fuites » émanant du pré-conclave allant majoritairement dans le même sens, n'ont eu aucune influence sur le vote.

Ce qui introduit la nouveauté radicale de ce conclave : sans doute le premier d'une Église globalisée et affranchie de la considération nationale. L'approche nationale, italienne en l'occurrence – ils étaient vingt cardinaux électeurs pour sept *papabili* au moins, donc profondément divisés –, est définitivement révolue en tant que telle. L'élection d'un Polonais avait ouvert une brèche ; celle, impensable, d'un Allemand, la consolide. Non en tant que nationalité originale mais en tant que personnalité apte à remplir la fonction. Il en va de même pour l'approche continentale. Un Pape du Sud viendra un jour. Non par souci d'exotisme. Avoir « un Pape du Sud » comme il « fallait » cette fois-ci un Pape italien. Mais parce que cet homme sera le plus apte à remplir cette mission. Telle est la nouveauté historique de ce conclave.

Reste la question du positionnement théologique du nouveau Pape. Certains, dans l'Église, ne le partagent pas. Mais une évolution se dessine, et pas la moindre car lourde de conséquences pour l'avenir.

Évolution ouvertement soutenue par la grande majorité des cardinaux et qui recoupe l'attente de la majorité de la jeune génération ecclésiale : sans être identitaire ils veulent vivre le concile Vatican II à la suite de Jean Paul II dans le sens d'une identité catholique nette. Cette élection, symboliquement, semble ainsi fermer pour longtemps une page de l'Église ouverte en 1968. Et telle est bien la nouveauté fondamentale de ce conclave.

Deuxième partie

LES RÈGLES DU JEU

4.

Le métier de Pape

Un homme élu à vie

Être Pape, est-ce un métier ? Voici un homme élu à vie, à la fois successeur d'apôtre, apôtre, maître spirituel, chef d'Église, d'État, d'entreprise, de multinationale, d'œuvres humanitaires, éducatives et médicales. Cet homme public représente une autorité morale, un mythe, objet de détestation ou d'adoration.

Cet homme ne s'appartient plus. Il a reçu, des hommes et de Dieu, un redoutable pouvoir spirituel, confié à saint Pierre par le Christ selon l'interprétation catholique de l'Évangile. Une charge inouïe. Un pouvoir exorbitant. Certains, comme Jean Paul Ier, faute d'une santé cardiaque et nerveuse suffisamment solide, ne purent le supporter.

Comment Benoît XVI, le nouvel élu, va-t-il appréhender un tel poids ? À vrai dire, sa marge de manœuvre est réduite. Le protocole s'occupe de tout et s'occupe de lui. La journée est minutée.

Celle de Jean Paul II par exemple commençait à 5 heures dans sa phase active. Douche rapide, puis une heure de prière personnelle et de méditation. Peu avant 7 heures, il se rendait en sa chapelle privée où l'attendaient une vingtaine de fidèles, de prêtres et d'évêques venus du monde entier et de passage à Rome. Pour eux et avec eux le Pape célébrait la messe du jour avec la simplicité d'un curé de campagne. Aucun égard pour le décor de l'une des plus prestigieuses chapelles du monde. Pas de prêche non plus. Seule une prière intense, presque massive. À tel point que certains visiteurs, entrant au moment où le Pape priait à genoux, déjà revêtu de ses habits liturgiques, courbé, de dos, légèrement caché par son fauteuil central face à l'autel, ne remarquaient pas sa présence ! Monolithique, immobile, abîmé dans la prière...

Une fois dite la messe, le Pape dépose ses vêtements liturgiques et salue ses visiteurs un à un. Il échange un rapide petit mot, un coup d'œil. Main sur l'épaule, il donne une bénédiction.

Il se rend alors dans sa salle à manger, monacale, avec quelques invités pour un copieux petit déjeuner. Vient ensuite l'heure de l'étude et du travail personnel. Dans son bureau, il compose pendant deux bonnes heures, jusqu'à 11 heures, homélies, encycliques, documents.

La vie de l'homme public reprend alors, jusqu'à 13 heures. Réception quotidienne – sauf le dimanche – de personnalités, de chefs d'État, de ministres, mais aussi de prélats, d'évêques en visite *ad limina*, visite accomplie par tous les évêques du monde tous les quatre ans à Rome. Une occasion d'échanges approfondis avec les instances romaines sur le bilan de leur Église. Réception aussi de cardinaux, chefs de dicastères à Rome, les ministères du Vatican, pour régler tel ou tel problème concret ou pour décider d'une nomination.

Pour le déjeuner, le Pape reçoit toujours. Innovant en cela par rapport à ses prédécesseurs, Jean Paul II a cherché à contourner l'isolement inévitable de sa position. Il a ouvert sa table à de multiples invités : intellectuels, scientifiques, artistes, hommes de culture, simples prêtres, amis personnels. Sa salle à manger aura été un véritable club de réflexion et de débat. Ce fut d'ailleurs une clef inconnue de son pontificat. Autour d'un plat, il aura pu se faire une idée précise des situations les plus critiques dans l'Église. Mais aussi dans le monde. Avant un voyage, entre poire et fromage il aura affiné sa vision sur un pays étranger. Une façon de se confronter directement avec des gens du cru. Et de ne pas seulement se fier aux notes de synthèse si courantes à ce niveau d'organisation. Ecclésiale, géopolitique, cette instance informelle aura aussi été culturelle, Jean Paul II s'étant toujours passionné pour les débats d'idées.

L'après-midi est un temps de repos et de prière. Courte sieste, lecture du bréviaire, le Pape retrouve son bureau pour une longue séance de travail seul ou en groupe très restreint avec des proches collaborateurs. Ce qui le mène au dîner, frugal cette fois, où il reçoit de nouveaux convives. Prières du soir ensuite, lecture – Jean Paul II fut un boulimique de livres – la lampe de sa chambre, visible de la place Saint-Pierre, s'éteignait à une heure avancée de la nuit.

Un mandat international

Ce rythme est interrompu le mercredi matin : rituelle, une audience générale, ouverte à tous, est l'occasion d'une catéchèse directe du Pape. Jean Paul II tenait beaucoup à ce rendez-vous. Occasion d'un contact direct avec la foule, il est aussi une rupture avec l'ambiance feutrée des immenses salles et couloirs du Vatican. Bain de jouvence, enfin, pour le Pape qui communique alors avec tant de nouveaux visages différents de ceux de son entourage habituel.

La foule, elle, se compte par milliers. Sans fin, mercredi après mercredi, hiver comme été, les pèlerins viennent des quatre coins du globe. On touche du doigt l'impact du rayonnement du Pape. Avec Jean Paul II, il était remarquable de voir ces vieux bus rafistolés, essoufflés après avoir descendu toute l'Europe, débarquer leurs voyageurs engourdis, via della Conciliazione, en face de la basilique Saint-Pierre.

Voir ces gens, dans la foulée de la chute du mur de Berlin, souvent pauvrement vêtus, les visages bouleversés, s'avancer place Saint-Pierre, pour cette fameuse audience du mercredi était un impressionnant moment d'humanité. Rendez-vous planétaire, sans distinction de races, de couleurs, d'ethnies, de rang social. Populaire aussi. Sauf cette « prima fila », réservée aux personnalités – protocole oblige – qui leur permet d'être individuellement présentées au Pape.

Le métier de Pape tient aussi à cette cérémonie hebdomadaire où se joue une communion particulière, aussi symbolique que réelle.

Autre changement de rythme, les dimanches. Le Pape préside en général une messe dans une paroisse romaine, car il est aussi – et avant tout – évêque de Rome. À midi s'ensuit le très attendu « angélus » place Saint-Pierre. C'est une prière traditionnelle, du milieu du jour, adressée à la Vierge Marie. Le Pape apparaît à l'une des fenêtres du palais apostolique et s'adresse aux pèlerins réunis plus bas. Le tout est retransmis en direct sur Radio Vatican dans tous les pays du monde. La prière est suivie d'une adresse qui est souvent l'occasion d'une prise de parole politique sur une situation brûlante du globe.

L'emploi du temps est également modifié lorsque le Vatican devient le théâtre d'un synode réunissant pour un mois deux cents évêques, venus du monde entier, sur un thème précis. Par exemple, à l'automne 2001, le synode sur le rôle de l'évêque. Ou, pendant les trois années qui ont précédé le jubilé de l'an 2000, une série de synodes continentaux, Afrique, Asie, Amérique... pour établir un bilan de la situation des Églises locales.

Mouvement encore, quand le Pape organise un « consistoire », c'est-à-dire la convocation à Rome de l'ensemble des cardinaux. Trois occasions appellent ces 180 hauts dignitaires de l'Église (chiffre moyen qui varie toujours selon les décès et selon les nouveaux arrivants). Une nouvelle promotion. Pendant une cérémonie le Pape crée, selon l'expression en usage, de nouveaux cardinaux. Une question fondamentale à régler : ces sages, sénat de l'Église, sont consultés sur les stratégies à adopter. Cela fut le cas, lors de la réforme du fonctionnement de la curie romaine ou pour la réforme des finances du

Saint-Siège, mais aussi pour préparer le Jubilé de l'an 2000. Enfin, troisième occasion de se réunir : le conclave où les cardinaux âgés de moins de quatre-vingts ans votent pour l'élection d'un nouveau Pape. Les plus de quatre-vingts ans y sont admis. Sans voter, ils jouent un rôle éminent de conseillers.

Changement de rythme enfin, à l'occasion des voyages à l'étranger. Il y en a eu presque une centaine pendant le pontificat de Jean Paul II. La journée papale s'ordonne alors autour d'une messe célébrée quoi qu'il arrive, devant des milliers de personnes ou seulement quelques dizaines si un jour de repos intervient au milieu d'un long déplacement.

Puis ce sont des visites sur des lieux symboliques, Yad Vashem, à Jérusalem, des rencontres avec des représentants du monde de la culture et de la science, une audience chez le chef de l'État qui reçoit. Celle de Nelson Mandela, en Afrique du Sud, ou celle de Fidel Castro à Cuba demeurent inoubliables. Si les ingrédients d'une visite étatique et officielle sont tous réunis, la dimension religieuse reste primordiale. Ces voyages sont avant tout considérés comme des pèlerinages par le Pape et le Vatican, rencontres avec des Églises locales, à la manière de l'apôtre Paul aux premiers temps du christianisme.

Avec Jean Paul II, les voyages sont devenus une part déterminante du métier de Pape. Il a en effet passé une bonne partie de son temps hors du Vatican. Une attitude sans précédent : sortir de Rome restait une exception pour ses prédécesseurs modernes, même s'il fut une époque où la papauté vivait de façon itinérante.

Il y a aussi les grandes fêtes, et les périodes liturgiques, qui bouleversent l'emploi du temps : Noël, la semaine sainte qu'il préside toujours à Rome. Le Pape conduit alors de longues cérémonies, tardives, et matinales, devant des milliers de personnes et des caméras de toute la planète. Tel est aussi le métier de Pape... Pendant son pontificat Jean Paul II aura ainsi prononcé des milliers de discours et d'homélies, rencontré des millions de personnes, accompli plusieurs fois le tour de la terre, et visité des centaines de pays !

Au fond, un simple curé

Mais où se trouve le noyau dur, l'essentiel, de ce métier ? Chaque Pape a sa réponse, son style, ses priorités. Mais tous s'accordent pour placer « l'imitation du Christ » en premier lieu même si l'histoire recèle de contre-exemples peu glorieux... Comme apôtre, le Pape veut donc donner un exemple aux hommes, les guider vers l'Évangile. Soit un vaste programme. S'il n'y prend pas garde, l'élu risque d'être englouti par la charge institutionnelle ou par les nécessités de la représentation permanente. Il lui faut donc une vie intérieure extrêmement riche pour résister à ce qui est, à l'évidence, une pression psychologique intense. Tel pourrait être l'essentiel de cette fonction, l'âme même, et pourtant la moins visible. Il y a évidemment l'homme, la personne. Mais il y a aussi et surtout le prêtre. Tous les Papes l'assurent : ils sont et restent avant tout des prêtres. Difficile à imaginer, sous les dorures et les honneurs du Vatican, qu'ils furent, un jour, de jeunes prêtres, fermement décidés à vouer leur vie à Dieu. Au point de prendre des risques : Karol Wojtyla, futur Jean Paul II, ne fut-il pas séminariste clandestin sous le couvert d'un travail d'ouvrier qu'il a réellement exercé.

On oublie souvent que ces princes de l'Église ont été ordonnés prêtres par un évêque local inconnu, qu'ils ont débuté comme vicaire dans une petite paroisse. Vicaire, c'est-à-dire, au bas de l'échelle. Il est d'ailleurs peu d'organisation sociale dans le monde contemporain où, sans aucune exception, le chef suprême débute vraiment à ce premier échelon. C'est ainsi dans l'Église : un Pape, si prestigieux soit-il, a toujours en lui, non seulement cette mémoire mais cet « être » profond, celui d'un curé qui a donné sa vie pour l'annonce de l'Évangile. Mission et vocation qu'il doit continuer de partager avec ses confrères, même si la vie et ses talents lui ont ensuite donné accès à de plus hautes responsabilités.

Docteur, pasteur, cœur ouvert

Une seconde appartenance fonde le métier de Pape : celle d'évêque. Il dispose d'un niveau intellectuel qui le rend apte à enseigner, à être « docteur », à devenir une référence en matière de culture biblique et ecclésiale. Aspect fondamental au cœur de l'Église catholique à Rome. Évêque de Rome, certes, mais aussi « primus inter pares », c'est-à-dire reconnu le premier des évêques, il doit trancher, arbitrer certains débats théologiques majeurs. Et parfois même engager l'infaillibilité due à sa fonction. Dans la tradition catholique, l'infaillibilité pontificale est en effet affirmée pour imposer certains dogmes comme indiscutables et définitifs. Son usage est rarissime. Jean Paul II n'y a pas fait appel.

Elle situe à vrai dire le niveau de la responsabilité du Pape sur le plan de l'enseignement. Dans tous les cas, le recours à l'infaillibilité obéit à des règles strictes. Il ne fait que valider, par une définition pontificale, une croyance depuis longtemps acquise et transmise à l'échelle de siècles dans l'Église. Elle est alors suffisamment confirmée aux yeux des théologiens pour être considérée comme certaine. Mais l'infaillibilité demeure un objet de débat au sein et en dehors de l'Église.

Évêque signifie aussi pasteur, guide spirituel, celui qui sait à la fois garder et développer le troupeau, le nourrir, le soigner, le protéger, le stimuler. Dans un langage actuel on dirait le « leader », l'entraîneur... Une mission dont la difficulté, et pas la moindre, consiste à veiller à l'unité dans le diocèse, entre les différents membres de la communauté chrétienne. Pratique exigeante puisque les brebis, en dehors de la hiérarchie, ne se sentent plus aujourd'hui tenues par l'obligation morale d'obéir. Elles sont liées par une adhésion volontaire. Quant au Pape, cette tâche internationale et globale est immense.

L'évêque est enfin « celui qui préside à la charité » selon le langage technique de l'Église. C'est-à-dire celui qui donne l'exemple de l'amour pour les autres, et pour les plus petits, les plus faibles notamment. Dans le cas du Pape cette fonction est largement décentralisée à travers l'impressionnant réseau social et médical de l'Église catholique dans le monde. À Rome, il dispose toutefois d'un fonds spécial dénommé « la charité du Pape » destiné à apporter une aide d'urgence aux drames les plus criants. L'attribution et le montant de ces aides sont publiés chaque année.

Le métier de Pape est intimement lié à celui d'évêque et à ses trois dimensions : le docteur, le pasteur et le dispensateur de bien, de réconfort. Selon les personnes et leur psychologie, les priorités varient selon ses trois missions mais toutes fondent le métier de Pape.

Évêque parmi d'autres, le Pape préside aussi à la communion de tous les évêques c'est-à-dire à l'unité de l'Église catholique. C'est l'une des missions les plus difficiles. Pour avoir été évêque il connaît bien les contraintes de la fonction épiscopale. Il sait les difficultés de cet échelon intermédiaire dans l'Église à qui l'on demande tout. Cette connaissance des difficultés du métier d'évêque vaut au premier d'entre eux une solidarité particulière avec le corps épiscopal et réciproquement. Elle se mesure effectivement à chaque voyage à l'étranger ou, lors des visites *ad limina* des évêques à Rome. Dans l'Église catholique, l'évêque est ainsi le « cadre » par excellence. Un nombre considérable de responsabilités reposent sur ses épaules même s'il a souvent peu de moyens autour de lui pour les assumer. D'une certaine manière il n'y a pas plus haut que l'évêque dans l'Église.

Le profil idéal ?

Après l'évêque vient naturellement le cardinal. Et le Pape est cardinal puisqu'il est choisi parmi ce cénacle de l'Église seul habilité à l'élire. Le cardinal reste toutefois évêque, sa distinction cardinalice ne lui ajoute rien excepté qu'il fut un évêque remarqué et remarquable. Le rouge qui le caractérise n'est pas un galon supérieur, mais l'éminence de la charité, le signe du « sacrifice total pour le Christ » qui peut aller jusqu'au martyre. C'est aussi, en général, le signe d'une sagesse et d'une expérience puisque l'on devient rarement cardinal, sauf cas exceptionnels, avant la soixantaine... La spécificité du cardinal est plutôt liée au gouvernement de l'Église universelle. Sa première responsabilité est de choisir un Pape parmi eux. Plus habituellement elle est d'aider à la prise de décision dans l'Église et pour l'Église universelle (voir chapitre sur la prise de décision). Le métier de Pape repose ainsi sur cette sagesse et expérience cardinalice nécessaires aux grandes décisions.

Et choisir les évêques n'est pas la moindre d'entre elles. Ils sont sélectionnés parmi plus de 400 000 prêtres. Ces évêques sont autour de 4 500, le chiffre varie, mais seulement 2 511 ont un diocèse en charge. Les autres sont à la retraite. Le ratio est d'un évêque pour 100 prêtres. Quant aux 180 cardinaux – ce chiffre n'est jamais stable en raison des décès – ils sont choisis parmi les évêques. Le ratio est de 1 cardinal pour 25 évêques.

Voici donc, du noyau existentiel, jusqu'au cardinal, en passant par le prêtre et l'évêque, les principales caractéristiques du « métier de Pape ». Il les inclut et les résume toutes. S'y ajoutent les qualités intellectuelles, relationnelles, décisionnelles, prophétiques, requises par tout chef d'État ou d'entreprise internationale. Mais ces qualités demeurent plutôt secondaires dans l'Église.

Il suffit pour s'en convaincre de se remémorer des profils tels que Jean XXIII ou Jean Paul Ier. À l'évidence, ils étaient fondamentalement restés des prêtres, des pasteurs, devenus de surcroît et comme par accident des chefs d'État, des chefs d'Église. De même, Jean Paul II aura, pour sa part, toujours gardé son profil d'enseignant, d'intellectuel. Contrairement aux apparences, il ne se sera jamais vraiment incarné dans un rôle de gouvernant à la Pie XII ou, d'une autre manière, à la Paul VI, rodé aux subtilités de la curie romaine. D'aucuns ont reproché au Pape défunt de ne pas avoir suffisamment gouverné et d'avoir trop enseigné. Il y a débat sur ce point. Certains estiment que la qualité de gouvernant est la première requise pour exercer ce magistère mondial. D'autres non. Mais tous s'accordent sur le profil théorique et idéal. Similaire à celui de l'évêque : un enseignant sûr, un pasteur-leader entraînant, et un homme au grand cœur, exemple de charité chrétienne.

Être de partout et de nulle part

Enfin, dernière spécificité du métier de Pape, et pas la moindre, la synthèse qu'il doit opérer entre le centre et la périphérie. Entre un corpus universel de l'Église catholique, et des applications multiples, multiculturelles. Sans être d'abord un gouvernant au sens technique, le Pape doit, plus encore que tout prêtre, évêque ou cardinal, cultiver cette vision large, et en même temps si particulière de sa fonction.

Le col romain est ici trompeur. Il donne l'impression que l'Église est une sorte de multinationale uniforme. La réalité est tout autre, totalement éclatée. Les styles, les exigences, les nécessités, entre un prêtre et une religieuse qui exercent dans un bidonville de Caracas, dans un building de Chicago ou sur une île d'Océanie, dans un pays d'Europe de l'Est, en Afrique noire, au Pakistan, sont totalement différents. Celui qui préside à l'unité de ce « monde-Église » doit tous les intégrer en un seul mouvement. Voilà sans doute l'un de ses défis majeurs : Être de partout et de nulle part. Être du centre et de la périphérie. Être de l'essentiel et de la multiplicité. Être soi, et être à toutes et à tous. Être un pour un milliard. Être soi et être au Christ. Être d'hier pour aujourd'hui. Être d'aujourd'hui pour demain. Être le lien, le pont, « le pontife » entre les hommes et des femmes si différents. Entre eux. Entre eux et Dieu.

À vrai dire, ce métier n'en est pas un. C'est une vocation, et beaucoup plus qu'une vocation. S'y attache en effet une part inextricable d'un mystère insondable que même l'observation la plus froide et la plus détachée ne peut éluder.

5.

Qui décide quoi dans l'Église ?

Un évêque démissionné

Jacques Gaillot est un cas. Évêque en titre, il est toutefois sans attribution. Son territoire, Partenia, est un coin du désert du Sahara. Un isolement virtuel qui lui a valu une légende : celle d'avoir été le seul évêque vraiment démissionné par Jean Paul II.

L'affaire remonte à 1995, le 12 janvier. Le Pape célèbre les Journées mondiales de la jeunesse à Manille, aux Philippines, devant cinq millions de personnes. À Rome, au même moment, un décret tombe. Il indique que l'évêque français Gaillot n'est plus évêque d'Évreux. Son indiscipline vis-à-vis des autres évêques français et une largeur de vue, jugées indignes d'un évêque catholique, lui sont reprochées.

Soulagement pour les uns. Tollé chez les autres. Jacques Gaillot devient « l'affaire Gaillot ». Symbole de la liberté contre le centralisme, le pouvoir absolu et l'orthodoxie. L'affaire et l'homme sont un peu oubliés aujourd'hui. Mais, s'il le voulait, Benoît XVI, nouvellement élu Pape, pourrait-il revenir sur la décision de Jean Paul II ? Difficilement car cette affaire s'inscrit dans la complexité des circuits de pouvoir et de prise de décision dans l'Église. À priori, le pouvoir du Pape est absolu. Mais dans les faits il est limité et contrôlé. L'image du monarque de droit divin dont la parole est indiscutable s'impose facilement aux esprits mais elle n'est pas fondée dans la réalité. Tout comme ne le serait pas pour le Pape celle d'un Président-Directeur général aux pleins pouvoirs. Il détient, certes, quelques attributs du premier, et certains du second, mais l'exercice concret du pouvoir sur le Vatican – déjà tout un programme ! – et sur l'Église requiert un art maîtrisé. Il tient de l'équilibriste autant que du diplomate chevronné. La prise de décisions dans ce monde ecclésiastique obéit en effet à des critères stricts et à des procédures étroites.

Le Pape tranche contraint et forcé

Que s'est-il passé pour Mgr Gaillot ? Jean Paul II a signé un décret de mutation. Indiscutable. La vraie décision a toutefois été prise ailleurs. Elle est le résultat d'années de pressions, de rejets, de recours et de compromis. Ce cheminement explique que Benoît XVI aura du mal à revenir sur cet acte, son pouvoir n'est pas si absolu.

L'image d'Épinal d'un évêque victime du conservatisme ambiant est trop simple. Il y a d'abord un acteur principal dans cette pièce, Jacques Gaillot lui-même. Sa maîtrise du monde des médias lui confère une carte majeure : Il « travaille » son image comme un professionnel. Son attaché de presse – car il en a un – sélectionne et prévient les médias les plus puissants (agence France Presse et télévisions) avant toute action ou prise de position. Face aux caméras, l'évêque arbore un sourire quasi automatique qu'il n'a pas, en revanche, devant la presse écrite où il apparaît grave et préoccupé. Il porte des vêtements simples mais branchés. Toujours noirs, à l'ecclésiastique, mais dans l'air du temps pour la coupe et le style. Il passe bien à la télévision. Un véritable virtuose de la communication. L'Église, dès lors, sait qu'elle doit composer avec une vedette. Toute mesure ou remarque à son encontre est médiatisée et il se pose toujours en victime. Précisément l'institution passe pour coincée. À juste titre. Sur les écrans, les prises de vues se succèdent, opposant une mine joviale, moderne, à des visages crispés, en col romain. Sans parler de l'enjeu qui dépasse de loin les frontières de l'Église, puisque les objets de polémique touchent des faits de société larges : défense des sans-papiers, morale sexuelle, homosexualité...

Derrière les apparences officielles, une guerre idéologique est déclarée. Les ultras de chaque bord incarnent deux façons d'être dans l'Église catholique et constituent les seconds acteurs majeurs du dossier. En coulisse, ce sont eux qui mènent les campagnes de lettres. Soutiens ou protestations, les objets sont différents mais la méthode est la même. Alertes aux médias et pétitions aux instances de l'Église, à la nonciature apostolique – l'ambassadeur du Pape en France – à la conférence des évêques à

Paris, aux bureaux du Vatican, à Jean Paul II lui-même.

Au cœur de l'affaire, les hommes d'Église sont le troisième acteur majeur. Qui sont-ils ? En France, les évêques, amis personnels de Mgr Gaillot mais aussi ses ennemis personnels déclarés, et non déclarés ; les responsables de la conférence des évêques. À Rome, les membres de trois secteurs clefs : la Congrégation pour la doctrine de la foi, qui veille sur l'application de la doctrine catholique dans l'Église. La congrégation pour les évêques. Elle est responsable de leur nomination mais aussi de leur gestion. La secrétairerie d'État, administration centrale de l'Église, avec sa section francophone.

Comment le drame se noue-t-il ? Plus Mgr Gaillot s'exprime sur tous les sujets dans les médias, plus la tension monte pour lui et contre lui. Provocateur, il crée un désordre dans l'Église que cette structure ne peut tolérer. Dans un premier temps, les instances nationales, amis et conférence épiscopale française, tentent de raisonner le franc-tireur. Un compromis est trouvé, mais il est vite rompu par l'intéressé qui refuse de sacrifier sa liberté de ton et de parole. Rome suit, mais laisse la conférence des évêques se débrouiller selon le principe de la subsidiarité.

Ne pouvant plus faire face, la conférence saisit Rome qui commence par renvoyer le dossier à Paris. Mais, face aux nouvelles provocations de Mgr Gaillot, la conférence des évêques impuissante s'en remet finalement au Vatican.

Une fois à Rome le dossier va et vient entre la congrégation des évêques, la doctrine de la Foi, la secrétairerie d'État. Le Pape, informé, n'est pas encore sollicité. On lui demande de rencontrer l'impétrant. Ce qu'il fait. Avertissement : il demande au soliste de chanter dans le chœur. Le temps passe. Nouvelles déclarations de Mgr Gaillot. Le dossier revient sur scène. Aller-retour entre Paris et Rome. Cette fois, les instances réunies, conférence des évêques et services du Vatican s'accordent sur la nécessité de prendre une mesure forte. Seul le Pape peut intervenir. Mais Jean Paul II n'est pas un homme de sanction. Il revoit encore Mgr Gaillot. Au sein des instances ecclésiales l'exaspération est à son paroxysme. Le Pape laisse encore du temps. Les instances reviennent à la charge : Jean Paul II finit par signer, contraint et forcé. Le choix de la date n'est d'ailleurs pas un hasard : il s'agit de couvrir le bruit de cette nouvelle par la clameur des JMJ. Mais aussi d'exprimer que cette décision relève de l'Église tout entière et pas seulement d'un homme seul.

Le poids des Églises locales

Le Pape est donc très loin d'être isolé pour gouverner. Et il y a peu de chance pour que Benoît XVI réhabilite Mgr Gaillot. À moins d'en faire une cause personnelle ce qui est peu probable. Mais il devra, là encore, compter avec l'Église locale, sans laquelle il ne peut agir longtemps. Rome, à l'exception du dogme et de la foi de l'Église, est un centre international qui coordonne le pouvoir quotidien dans l'Église plus qu'il ne le dirige réellement. Seules les très grosses affaires remontent au Vatican, signe que l'échelon local a alors échoué. Les dossiers qui franchissent la célèbre porte de Bronze, à droite de la basilique Saint-Pierre, sont souvent très mûrs… totalement piégés.

L'exemple de la crise des prêtres pédophiles aux États-Unis l'illustre. En 2002, plusieurs cardinaux et évêques ont été directement mis en cause dans leur « gestion » catastrophique des prêtres pédophiles. Preuves écrites à l'appui – lettres officielles issues des archives des diocèses – de grands journaux et des avocats démontrent que le cardinal Bernard Francis Law, archevêque de Boston, a déplacé plusieurs prêtres pédophiles en connaissance de cause, sans avoir averti du problème les nouvelles paroisses. Il n'est pas le seul évêque à avoir agi ainsi. Le scandale des prêtres pédophiles engendre alors un second scandale : celui de la dissimulation, par la hiérarchie de prêtres déviants au détriment d'enfants victimes et psychologiquement détruits à vie.

Une crise de confiance sans précédent se développe : les fidèles qui jusque-là faisaient le gros dos, soutenant leur hiérarchie, passent dans l'opposition. La majorité des prêtres non concernés – 95 % selon les statistiques les plus pessimistes, 98 % selon les plus optimistes – se plaignent de la suspicion des fidèles à leur égard. Et de la méfiance de leur hiérarchie depuis que la conférence épiscopale a décrété une politique de tolérance zéro : à la moindre dénonciation, tout prêtre est provisoirement suspendu, même s'il est accusé à tort. Dans la société enfin, l'Église catholique considérée jusque-là comme un bastion éthique se trouve totalement discréditée.

Les dégâts sont considérables. Rome assiste, impuissante, à la descente aux enfers de l'un de ses fleurons. En avril, le Vatican convoque tout de même les cardinaux américains. Réunion de crise où ceux-ci exposent les mesures que la conférence des évêques propose pour sortir de ce guêpier. Le Vatican ne peut que prendre acte et encourager la fermeté, notamment par un discours musclé de Jean Paul II qui affirme l'incompatibilité entre la prêtrise et ces déviations sexuelles. Et Rome, après des mois de négociation, finit par persuader le cardinal Law de donner sa démission mais celui-ci aura attendu la dernière extrémité pour obtempérer.

Dogme mis à part, les Églises locales ont ainsi une marge de manœuvre importante dans la gestion de leurs affaires. Dans l'Église le principe de subsidiarité n'est pas un vain mot, elle est, par nature, décentralisée.

Une autorité fondée sur les apôtres

À l'origine de cette attitude, une raison d'ordre juridique. En bonne théologie catholique, chaque évêque est maître de son diocèse, si petit soit-il. Nommé chef d'une Église locale, il est, d'une certaine manière, comme Pape chez lui, avec un pouvoir non négligeable : contrôle, transmission de l'enseignement de l'Église, mais aussi sélection, formation et ordination des prêtres, nomination des curés, organisation générale de tout le diocèse, partant des tâches les plus matérielles et comptables, aux missions les plus spirituelles. Ce pouvoir « exorbitant » de l'évêque a trois origines. Première source : l'évêque est fondamentalement un apôtre. Un autre Marc, Mathieu, Jean... Il a donc reçu le pouvoir spirituel sans restriction pour exercer sa mission. Il est même censé représenter le Christ, c'est-à-dire son imitation, aux yeux des prêtres et des fidèles. La décision de confier une mission aussi stratégique à quelqu'un n'est jamais prise à la légère : on enquête beaucoup avant de placer un homme à ce poste. Seul le Pape a d'ailleurs ce pouvoir. Et seul un évêque peut ordonner un autre évêque.

Il s'agit, selon l'Église catholique et orthodoxe, d'assurer la transmission de la chaîne apostolique. L'Église estime en effet ne pas être propriétaire de ce pouvoir spirituel, confié par le Christ aux apôtres. Elle l'a reçu comme un capital, en dépôt, pour le transmettre enrichi. Ce qu'elle assure dans des conditions formelles et juridiques très précises et lourdes de conséquences. C'est précisément en contrevenant à ces règles que Mgr Lefebvre a été excommunié le 2 juillet 1988 : il avait ordonné quatre évêques contre l'avis de Rome.

Les évêques, petits patrons de l'Église

La deuxième source de ce pouvoir tient à la géographie. Les Églises chrétiennes n'ont jamais été, sinon affectivement, l'Église de Paul, Jean Paul II ou Jacques, mais l'Église de Corinthe, de Rome ou d'Évreux. C'est le lieu et non le charisme, le territoire et non la personnalité, qui assoient l'autorité de l'évêque. Elle explique aussi pourquoi Mgr Gaillot a reçu le siège historique de Partenia. Un évêque est toujours lié à un lieu, fût-il symbolique.

Troisième source de ce pouvoir réel de l'évêque : la culture, dans l'Église, du principe de subsidiarité. Ce mot compliqué ne désigne rien d'autre que la décentralisation avant l'heure, la primauté à la décision locale. Sauf questions fondamentales qui engageraient toute la foi de l'Église, l'évêque est censé gérer à son niveau, dans son Église particulière.

Les 2 511 évêques titulaires des diocèses ne sont donc pas des préfets. Ils n'exécutent pas au doigt et à l'œil des consignes reçues le matin sur un courrier électronique avec rapport d'activité à retourner le soir. Ce sont plutôt les « petits patrons » de l'Église. Tous, à leur niveau, sont responsables d'un capital commun dont ils doivent assurer la prospérité même s'ils ne cessent de se plaindre du centralisme romain. Mais à l'opposé Rome sait mieux que quiconque que piloter le diocèse de New York requiert d'autres méthodes que le gouvernement d'un diocèse en Afrique australe et que les meilleures décisions ne sont pas prises à distance.

Vers un gouvernement collégial

Ce poids des Églises locales pèse lourd dans l'équation de l'exercice du pouvoir papal. D'autant que l'Église catholique s'est efforcée, depuis le concile Vatican II, de remettre en vigueur la collégialité, c'est-à-dire le pouvoir partagé entre évêques, comme aux premiers temps de l'Église à l'image d'une Église orthodoxe qui a su garder cette tradition très vivante.

Collégialité au niveau de chaque pays avec la création des conférences épiscopales, qui élisent leur président – sauf en Italie où ce dernier est nommé de droit par le Pape. Collégialité sur le plan universel, avec la réunion régulière des synodes des évêques à Rome afin de débattre des grandes questions de l'Église. Collégialité aussi dans les diocèses, avec des synodes locaux.

Mais collégialité encore trop limitée, contrôlée aux yeux de beaucoup qui rêvent d'un véritable gouvernement collectif de l'Église : le Pape soumettrait ses décisions à une représentation d'évêques. À l'image des Patriarches orthodoxes qui sont liés à leur Saint-Synode composé d'évêques et organe suprême de décision.

Sur ce point la situation est bloquée. Deux cultures s'affrontent : l'une centralisatrice, l'autre démocratique. La curie romaine aurait d'ailleurs beaucoup à perdre, elle le sait, si l'Église catholique s'approchait de cette collégialité effective, dont les effets paralysants sont reconnus et admis au sein des Églises orthodoxes ou dans certaines églises protestantes. Mais elle sait aussi que les progrès de la communication des hommes et des écrits imposent une évolution à un management trop centralisé.

Redoutable curie romaine

Car elle est redoutable, cette curie romaine. Non qu'elle soit une entité machiavélique, hydre incontrôlable et souterraine, avec des agents omniprésents. Il y a paradoxalement peu de mystères chez elle. Mal connue surtout, elle inquiète par son imparable efficacité et sa constance d'institution à toute épreuve.

Cette administration n'est-elle pas en effet la plus ancienne du monde et toujours en activité ? Ses effectifs sont assez dérisoires – environ 1 500 personnes y travaillent pour 22 ministères (appelés congrégations ou conseils pontificaux) à peine la taille d'un petit ministère en France – sa culture acquise dans les affaires humaines et religieuses est impressionnante. Faut-il évoquer son expérience diplomatique, ininterrompue depuis une quinzaine de siècles, ou son administration ecclésiale ? Celle-ci possède une mémoire inégalée des ressorts de l'activité humaine, en tant de cultures, lieux, latitudes.

Contrepartie de culture immense, la curie offre aussi les défauts d'une vieille entreprise. Elle possède ses lois non écrites, ses penchants, sa lourdeur, son orgueil, ses excès de zèle aussi. Censée être au service du Pape – elle l'est effectivement –, elle garde la vive conscience d'assurer la permanence de l'Église... Et se pose parfois, de fait, comme un contrepoids. Sa force d'inertie est imparable.

Ses ministères, « congrégations » séculaires ou « conseils pontificaux » créés après le concile Vatican II à la fin des années 60, ont en charge des pans entiers de l'activité ecclésiale : doctrine, nomination des évêques, écoles catholiques, clergé et personnel religieux, missions d'évangélisation extérieures, culture, aide humanitaire, communications...

La plus redoutée parmi elles est la Congrégation pour la doctrine de la foi dont le nouveau Pape était le responsable. Gardienne de ce que l'on appelle « le dépôt de la foi ». Comparaison inconvenante vue de Rome, elle représente une sorte de banque centrale européenne ou américaine. Toutes deux sont chargées de veiller sur les réserves et sur l'orthodoxie monétaire, le nerf de la guerre des politiques. De la même manière la congrégation pour la doctrine de la foi garde – si l'on peut dire – la réserve et l'orthodoxie de la foi catholique. Sa foi, et seulement cela, est le capital absolu d'une Église.

Cette responsabilité lui confère un statut hors du commun. Parmi les congrégations, conseils pontificaux, secrétairerie d'État – et même le Pape – elle a normalement le dernier mot sur toute décision fondamentale susceptible d'engager ou de faire évoluer la foi de l'Église.

Imaginons que le Pape veuille, par exemple, ordonner des femmes prêtres. Il se heurterait au dépôt de la foi, qui ne prévoit pas cette option. On se fera fort de le lui rappeler.

Autre exemple, la peine de mort. Jean Paul II s'y est toujours personnellement opposé. Malgré une seconde version, il n'a pas réussi à faire retirer l'accord de principe pour la peine de mort dans le catéchisme de l'Église catholique. Il a simplement pu faire préciser, dans la version définitive et latine du catéchisme de l'Église catholique, que l'Église souhaitait que cette peine ne soit jamais appliquée. Une sorte d'accord en théorie, mais un refus en pratique...

Dans ce cas, la Congrégation pour la doctrine de la foi n'a pas lâché sur le principe de légitime défense à l'échelle de la société qui impose à ses yeux le maintien de la peine de mort. Les moralistes de l'Église pensent en effet que ce principe s'applique à tout individu, mais aussi à toute société. Celle-ci a le droit et le devoir de protéger des ressortissants injustement agressés.

Cette affaire de peine de mort est extrêmement significative. Elle suggère bien l'équilibrisme que le Pape doit pratiquer pour gouverner. Tout « patron » qu'il est, impossible pour lui de vendre les bijoux de la couronne... Élu à ce poste comme un gestionnaire des affaires de l'Église, il ne trône pas comme un propriétaire tout-puissant. Sa mission est de faire fructifier, de transmettre un capital. À cet égard, l'image de monarque absolu est outrée : le Pape ne dispose pas de cette faculté de tout conduire à sa guise.

Un couple jamais tranquille

Ainsi se joue entre cette administration curiale et le Pape – on l'aura particulièrement observé ces dernières années – une confrontation. Dualité entre le pouvoir charismatique, lié à la personnalité et au style du Pape, et la permanence administrative, historique et juridique de la curie. Cette administration estime, elle aussi, incarner la longue durée de l'Église.

Non que ses fonctionnaires se soient arrogé un pouvoir exorbitant. Ils considèrent au contraire agir dans un esprit commun et connu dans toute administration de grandes républiques : en grands serviteurs de l'État, pour une cause qui les dépassent. Ses hommes gèrent, un temps. Ils savent devoir transmettre, un jour, à un successeur qu'ils n'auront pas choisi.

Certains y voient un contre-pouvoir à l'autorité papale. D'autres un contre-poids nécessaire. Quant aux textes, ils considèrent la curie comme une fonction de service totalement dédiée au Pape où l'esprit de famille devrait présider.

Reste que ce couple n'est jamais tranquille. Son harmonie dépend notamment du profil du Pape novice. S'il en est issu, comme le fut Paul VI – il y avait exercé le poste clé de numéro 3 avant de devenir archevêque de Milan – ou comme Pie XII, il y retrouvera ses anciens collaborateurs. Il connaîtra les méthodes de l'intérieur, la stratégie, les tactiques, et le mode d'emploi. Il y aura déjà des amis et des ennemis. Il en connaîtra parfaitement les rouages. Ce qui n'est pas forcément un gage de liberté, car il courra toujours le risque de s'y laisser enfermer.

Si, au contraire, il est étranger à ce monde, comme l'était Jean Paul II, il devra certes apprendre à travailler avec cette machine, mais il en sera surtout plus libre. Jean XXIII, bien que nonce apostolique, et donc formé aux subtilités vaticanes, avait cette liberté qui, entre autres facteurs, lui permit notamment de pousser l'audace de convoquer un nouveau concile contre l'avis de la curie. Dans cette ligne, Jean Paul II fit assez vite le choix d'innover et de renouveler totalement le style de gouvernement. Au lieu de réformer la curie, il choisit de la contourner. Il développa un apostolat mondial, avec des déplacements fréquents, et une véritable politique professionnelle de communication. Sans oublier la convocation régulière à Rome de synodes.

Monolithisme apparent

En tout état de cause, Benoît XVI n'échappera pas aux contraintes de la fonction (voir chapitre 3). Sur la forme, il doit compter avec la secrétairerie d'État, qui veut l'aider mais aussi le contrôler... Sur le fond, et pour ce qui engage la foi de l'Église catholique, il est contrôlé par la Congrégation pour la doctrine de la foi. Sur l'exercice quotidien de la gestion de l'Église il est lié par les conférences épiscopales.

On le voit donc, l'apparent monolithisme du Vatican, d'un Pape, « potentat absolu » est une image. Sa marge de manœuvre, réelle, absolue en théorie, ne l'est pas en pratique. Sommet d'une hiérarchie, il peut beaucoup. Et peu, en même temps...

Tous les relais de son action sont autant de contre-pouvoirs ou de ralentisseurs, le cas échéant. En apparence lissé, l'exercice des relais hiérarchiques dans l'Église fonctionne donc assez mal. Excepté pour les nominations qui sont en général peu discutées une fois décidées. Pour le reste, et dans la mesure où l'essentiel – la foi – est sauve, chacun bénéficie d'une marge de manœuvre plutôt élevée.

L'irresponsabilité

À cela s'ajoute un dernier élément culturel, déterminant dans l'univers chrétien : la notion de service. Ceux qui s'engagent dans l'Église se considèrent au service de la cause. Quels qu'en soient le style et la sensibilité, cet état d'esprit existe à tous les niveaux de l'Église, et dans la plus modeste des congrégations religieuses.

Ainsi, la psychologie du dirigeant religieux, à de rares exceptions, n'est pas celle d'un actionnaire majoritaire détenteur de toutes les parts d'un capital comme le sont certains fondateurs de congrégations. Leur capital spirituel, intellectuel, symbolique et pratique, il estime l'avoir reçu dans le but de le faire fructifier pour le transmettre ensuite. Ce qui explique notamment que le sentiment de propriété est comme banni dans l'Église. On se doit d'être plutôt désintéressé. Celui qui agit pour sa propre promotion est vite repéré, mal vu, exclu.

Cette relation particulière au pouvoir a pourtant ses effets pervers. Le sentiment d'appartenir à une œuvre commune qui a tout son temps, puisqu'elle se dit éternelle, peut confiner à une certaine irresponsabilité. Des erreurs sont inévitablement commises. Et, contrairement à une entreprise, l'indulgence règne en maître dans le « management » de l'Église. La culture de la miséricorde, du pardon, amollit le degré d'exigence professionnelle, de réussite, des performances, mots totalement étrangers à la culture ecclésiale. Un curé ne réussit pas, on le nomme ailleurs, on le promeut dans une fonction plus administrative. Un recteur commet d'énormes bourdes de gestion, crée un déficit mettant en péril l'institution dont il a la responsabilité, on le nomme évêque. Le tout naturellement dans la plus grande discrétion.

Il y a par moments quelque chose de la fonction publique dans la gestion de la responsabilité de l'Église. C'est une sorte de gestion d'État, avec l'esprit de famille en plus, c'est-à-dire l'entraide, et la capacité de toujours « récupérer » quelqu'un dans un esprit chrétien, sans tambour, ni trompette.

Aucune sanction n'est appliquée en interne ou rarement, si ce n'est une mutation ailleurs ou par le haut. Aucun risque de perdre un emploi non plus. Cela n'est pas forcément une règle générale, mais c'est une tendance lourde. Les limites de ce fonctionnement ont éclaté au grand jour avec les affaires de pédophilie. Certes minoritaires, elles ont montré jusqu'où une telle gestion irresponsable dans ce cas pouvait conduire.

Le pouvoir du style

Enfin, et surtout, le pouvoir, dans l'Église à son plus haut niveau comme à l'échelon le plus humble, est affaire de style. Bien sûr les procédures existent, par exemple, dans les diocèses, le conseil presbytéral, groupe restreint de prêtres qui entoure l'évêque. Véritable conseil d'administration, il se réunit chaque vendredi matin. Les procédures sont rodées : il n'y a pas de révision du « management » tous les six mois.

Le style fait donc toute la différence. Et il peut réserver de grandes surprises. Comme chez le cardinal Martini : ce brillant archevêque de Milan, jésuite, était perçu comme le candidat idéal et ouvert de toute une frange, dite progressiste, de l'Église. Mais, dans son diocèse, avant sa retraite, cet homme de grande rigueur était craint. Pas vraiment chaleureux, c'était un homme de dossier, un intellectuel, très difficile d'accès et très ferme dans ses décisions. Aucun flottement chez lui. Ce prince était tranchant.

Jean Paul II, dans son genre, était un homme beaucoup plus indécis que son apparence ne laissait supposer. Ses proches ou ses amis rapportent combien, le plus souvent par respect des personnes, il lui était difficile de décider dans des situations de gouvernement, ou de mutation de responsables. L'exemple le plus fameux est celui du cardinal Casaroli. Numéro 3 du Vatican au moment du déclin de Paul VI, cet homme était sans doute, avec le cardinal Villot secrétaire d'État et donc numéro 2, l'un des meilleurs connaisseurs de la curie quand Jean Paul II est élu. Mais le cardinal Villot meurt dès 1979. Il faut le remplacer au sommet de la hiérarchie du Vatican à ce poste de bras droit du pontife, clef du système. Jean Paul II choisit alors le cardinal Casaroli. Il est pourtant de notoriété publique que les deux hommes ne partagent pas la même sensibilité ecclésiale. Karol Wojtyla, évêque derrière le rideau de fer, a même souffert de la politique menée depuis Rome par ce cardinal, l'*Ost politik* c'est-à-dire politique d'ouverture et de dialogue avec les régimes communistes... Malgré ce passé et par respect pour sa personne, Jean Paul II ne remet toutefois pas en cause celui qui apparaît le mieux préparé pour occuper cette fonction stratégique. Une nomination que le Pape confirmera d'ailleurs jusqu'à la retraite de ce premier collaborateur, soixante-quinze ans ! Soit douze années – les plus belles années de son pontificat – avant de le remplacer par le cardinal Sodano. Cet exemple illustre non seulement un trait de caractère de Jean Paul II mais aussi la puissance de la curie face au Pape élu.

Mais cette attitude aura valu bien des critiques à Jean Paul II. Une chose est la clarté d'un enseignement, une autre est le maniement des hommes... Certes, Jean Paul II aura acquis un vaste pouvoir sur les cœurs et les esprits. Celui de « l'aura » d'un personnage historique, très respecté, souvent plus à l'extérieur de l'Église qu'à l'intérieur. Mais de l'avis de beaucoup, il n'aura pas été un homme de gouvernement. De ce point de vue son pontificat aura été une sorte de renoncement progressif où gouverner la curie n'aura vraiment pas été sa priorité. Il n'aura pas réussi à réformer fondamentalement cette administration centrale de l'Église préférant de loin la contourner.

6.

Les lois non écrites du Vatican

La loi du silence

Il sait, mais ne dira rien. Dans l'un des bureaux ensoleillés du Vatican, le cardinal Roger Etchegaray reçoit courtoisement. La conversation est agréable. Animée même, informée, riche de références internationales, précise aussi. Elle ne franchit toutefois pas les limites de la discrétion ou de... l'indiscrétion. Sa réputation n'est pas usurpée : ce prélat basque est une tombe. Au Vatican, il a occupé la présidence du conseil pontifical Justice et Paix, puis celle du Comité pour le Jubilé de l'an 2000. Sa discrétion absolue, son tact, lui ont valu des missions de confiance. Jean Paul II a envoyé cet ambassadeur particulier dans les pays les plus difficiles, Cuba, Chine, Proche-Orient, Afrique... Une liste sans fin d'entretiens avec les plus hautes personnalités pour la cause de Dieu, de l'homme, de la paix. Car cet homme d'Église comme l'on est homme d'État sait écouter et surtout se taire, qualité érigée au rang de vertu au Vatican. Le silence, la réserve, la discrétion y sont un absolu. Sans doute est-ce la première loi non écrite de ce lieu. Celui qui y déroge verra tôt ou tard sa carrière réorientée. Le Vatican hérite ainsi de siècles et de siècles d'une culture de cour, feutrée. Rien, pas même la révolution du concile Vatican II dans les années 60, n'a pu libérer ce goût du mystère.

Au fond, le Vatican est une demeure, une vieille maison de famille. Elle a ses manies, ses habitudes, son code. Une loi non écrite veille. Elle ne s'apprend, ni ne se transmet. L'expérience seule permet de la deviner. Le temps aussi, les années passées au creux de ces murs séculaires, où le silence est plus éloquent que tous les règlements. Mais un silence qui ne veut pas dire mutisme : il faut savoir parler à propos, aux bonnes personnes, et surtout à bon escient. Il faut savoir parler pour ne rien dire. Et savoir se taire pour en dire long.

Mais si ce silence est d'or, il n'est pas passif pour autant : un feu continu couve. Il est alimenté par des petites rumeurs, le plus souvent fausses ; par le discours public, fleuve et sans surprise. Entre ces eaux, et parfois entre les lignes, surnagent quelques pépites. Il importe de les distinguer.

Les véritables informations, essentielles, sont assez rares. Elles concernent la santé du Pape, sa vie personnelle, une décision à venir, un texte majeur en préparation, une nomination capitale pour le gouvernement de l'Église, un commentaire personnel sur une actualité géopolitique. Ou encore une personnalité très discrètement reçue... Cette règle du silence joue pourtant avec le tempérament italien. Dans cette maison colorée, beaucoup de secrets de polichinelle finissent sur la place publique !

Ne pas découvrir la couronne

Mais le culte du silence a aussi une fonction ultime. Il sert une deuxième loi non écrite, classique et bien connue des palais présidentiels ou gouvernementaux : on ne découvre jamais la couronne. Soit, pour le Saint-Siège, veiller à toujours protéger le Pape.

Le Vatican n'est pas une centrale de renseignements ou un laboratoire de recherche. Il n'a pas de secrets stratégiques à couvrir. Il hérite simplement de l'histoire séculaire d'une cour et de son souverain. Son administration, comme son entourage proche, s'emploient donc à le préserver dans sa fonction et dans sa vie privée.

Certains jouent sur les confidences ou sur un commentaire entendus de la personne du Pape dont ils font mystère. Ils en tirent un pouvoir. Mais la réalité est beaucoup plus simple. Il suffit d'observer le Pape lors de ses déplacements à l'étranger, loin des couloirs de marbre de la curie qui portent avec eux la lourdeur des siècles et des habitudes. Il apparaît tel qu'il est : un homme occupant une haute fonction mais vouée à la transparence requise par le message chrétien.

Transparence toutefois difficile à réaliser. L'exemple est humiliant, mais il aura fallu des années pour savoir que Jean Paul II se déplaçait depuis longtemps dans certains longs couloirs du Vatican dans un fauteuil roulant, objet toujours demeuré totalement invisible. Officiellement nié, ce fait est confirmé par des sources très fiables. Il est devenu évidence, le jour où le Pape a été publiquement promené dans la basilique Saint-Pierre sur un chariot plat à roulettes...

On aura su organiser en revanche une communication faussement confidentielle – mais de bonnes sources ! –, sur ses escapades du mardi en camionnette banalisée. Jean Paul II, alors valide, allait marcher en montagne. En saison hivernale, il allait même skier, non loin de Rome, s'échappant du Vatican, caché dans un fourgon... Cette protection de la couronne ne concerne pas seulement la vie privée du Pape. Elle s'applique à l'un des volets fondamentaux de la vie du Saint-Siège, la diplomatie. Qu'un archevêque ou un grand cardinal viennent s'entretenir discrètement à Rome d'une affaire interne et ecclésiale, personne ne s'y intéresse, sauf si l'affaire est romaine ou italienne. Si un ambassadeur issu d'une zone en ébullition comme le Proche-Orient entre par une porte discrète de la cité du Vatican, les curiosités s'exacerbent. Cette entrevue ne changera pas le cours des choses mais la position du Saint-Siège suscite toujours une extrême attention dans les chancelleries de la ville et dans les ministères des Affaires étrangères correspondants. Sur certains dossiers diplomatiques, on attend la réaction – ou le silence – du Vatican.

Ces ballets discrets de diplomates – dont il ne faut pas exagérer la fréquence et l'importance, le Vatican n'est pas la CIA – ont été monnaie courante avec Jean Paul II lors du bras de fer polonais avec le syndicat Solidarnosc ou encore pendant la guerre du Liban. Des chrétiens étaient en cause. Il a été aussi activé pendant la guerre du Golfe : le Saint-Siège était fermement opposé à la politique américaine.

Une culture de réseaux

Le Vatican est donc une force géopolitique. Symbolique mais respectée. Elle repose sur une fabuleuse implication internationale et des réseaux puissants. Ces derniers constituent la troisième loi non écrite du Vatican : le fourmillement de filières d'informations uniques au monde. Car l'apparence monolithique du Saint-Siège est trompeuse : une seule tête publique, le Pape, une administration très hiérarchisée et sans failles apparentes, un discours à une seule voix. On y redoute l'improvisation. Toute prise de position est soigneusement construite. Mais cette unité puise dans une triple influence, un triple réseau.

Le premier, officiel, administratif, sont les ministères du Vatican, dénommés Congrégations ou conseils pontificaux. Ils sont spécialisés et fournissent au Pape et à l'Église une expertise (pour écrire ou prendre des décisions). Schéma identique à un gouvernement où un ministre et ses services conseilleront le Président sur les mesures où les positions à adopter. Ce réseau ne fonctionne pas en cercle fermé. Chacune de ces instances est reliée aux Églises diocésaines dans le monde et au réseau des nonciatures, les ambassades du Vatican. Par ce biais, un flux inimaginable d'informations remonte à Rome. Il est vérifié, consolidé, filtré et synthétisé au besoin, par la secrétairerie d'État, administration centrale de la curie (on la comparerait à Matignon), qui est l'interlocuteur direct du Pape.

Deuxième source, les réseaux des ordres religieux. Ils sont multiples et représentent des tendances et des expertises : jésuites, dominicains ou… La liste est interminable puisque l'Église compte 800 grandes familles religieuses masculines et 1 800 familles féminines ! Souvent implantés depuis des siècles dans les pays, ils vivent au contact direct et au service des populations. Leur expertise est redoutable. Il suffit pour le comprendre de comparer l'analyse d'un missionnaire vivant depuis trente ans en villages de brousse à celle d'un diplomate occidental séjournant quatre ans au maximum dans la capitale du même pays.

Un cas fréquent à Rome où trois réseaux d'ambassades se croisent : les représentations étrangères en Italie, près le Saint-Siège, et près de la FAO (organisation pour l'agriculture et l'alimentation, dépendant de l'Onu). Ces diplomates professionnels côtoient dans les salons ou les bureaux de la ville des missionnaires, des prêtres, des religieux et religieuses, des évêques, issus du monde entier. Ces derniers « passent » à Rome pour une session d'étude, un compte rendu ou autre mission. Ce croisement donne lieu à un brassage cosmopolite et instructif. Il démontre, par sa qualité et sa précision, la supériorité des informations recueillies par les réseaux ecclésiaux parce qu'ils prennent source au cœur battant des sociétés.

Un deuxième réseau comparable à celui des ordres religieux existe : les nouveaux mouvements. Fondés dans les années 50 ou 70, ils fédèrent des laïcs très engagés. Ce sont les foccolaris, l'Opus Dei, les charismatiques, Communion et libération, Sant'Egidio... L'Église en compte une cinquantaine, tous sont implantés mondialement. Comme les religieux, ils vivent au contact de toutes les réalités, des bidonvilles au salon des ministères, des exploitations agricoles les plus humbles aux directions de multinationales. Aussi informels que très puissants en informations, ces réseaux sont plutôt utilisés au coup par coup. Mais ils demeurent, en général, totalement sous-exploités au regard du potentiel sans égal qu'ils représentent. Sur ce même terrain du laïcat la hiérarchie catholique anime aussi tous les réseaux de l'action catholique, encore très puissante en Italie, en Allemagne et en Amérique latine qui apporte une pratique et une expertise sociale inégalées.

Troisième source, le réseau personnel. Il sera intéressant de voir si Benoît XVI poursuivra sur cette voie ouverte par Jean Paul II. Karol Wojtyla était en effet issu d'une église résistante. Professeur de philosophie, il était rodé à la réflexion collective par petits groupes de travail et a imposé cette méthode à une curie italienne. Mais ne les contrôlant pas, celle-ci n'a jamais vu ces influences extérieures d'un bon œil.

Comment s'exerçaient-elles ? Tout d'abord par des invitations systématiques à sa table, le matin, midi et le soir (évidemment beaucoup moins à la fin du pontificat) d'individus qui échappaient totalement aux voies classiques imposées par la curie pour accéder au Pape. Leur sésame pour franchir les barrages était le secrétaire particulier de Jean Paul II. D'apparence anodine, ces repas étaient l'occasion d'échanges intenses où le maître de maison ne se lassait pas de poser des questions réputées très précises en fonction de ses invités.

Autre formule imaginée par Jean Paul II, l'été, à Castelgandolfo, dans la résidence des papes. Il organisait sur le modèle américain des thinktank, sessions actives de réflexion, sur des sujets de fonds ou en vue de la rédaction d'une encyclique ou d'un texte important. Y intervenaient plusieurs experts de haut niveau, y compris non catholiques, dans un cadre agréable et informel. Elles permettaient souvent d'avancer sur une idée ou sur un dossier capital.

Cette culture de réseaux induit surtout une communauté intellectuelle. Un texte final du Pape est rarement le fruit d'un homme seul, coupé du monde. Il s'exprime sous le contrôle d'une communauté vaste. Nul texte important n'est issu du hasard ou d'un coup de tête. Aucun accident en ce domaine où l'on tient, encore une fois, l'improvisation en horreur. Cette culture de réseaux, loi non écrite du Vatican, indique qu'il est l'un des lieux les mieux informés du monde et de la situation réelle des pays.

Le Vatican est une colline de Rome

Quatrième loi non écrite : le Vatican est la chose des Romains. Rome, capitale et grande ville de province, capitale historique du monde, a en effet conservé la taille, les cercles, et les réflexes d'une cité de province où ses notables se fréquentent.

Ce parallèle n'a rien de péjoratif. Il permet de saisir la mentalité des Romains et des Italiens qui composent l'écrasante majorité du personnel laïc et clérical du Vatican. Car le Vatican appartient à Rome plus que Rome n'appartiendrait au Vatican. À l'image d'un monument qui serait la fierté d'une ville de province depuis une vingtaine de siècles... Ce sentiment est difficile à décrire, mais son poids est considérable dans l'univers des Romains.

Il engendre un paradoxe étonnant : la conscience universelle de l'Église, visible sur les visages de couleurs et cultures multiples, est forte dans l'esprit des vieux Romains, en même temps empreints d'un véritable provincialisme : inconsciemment ils considèrent que le Vatican leur appartient en propre plus qu'à personne d'autre. Tout le monde ou presque a un proche, un parent, une connaissance qui y travaille ou y a travaillé. Ils en connaissent tous les ressorts. De même les grandes familles romaines, bourgeoises ou aristocratiques qui ont compté des parents à de hautes fonctions derrière les murs de la cité du Vatican. À certaines époques – rarement aujourd'hui – ces Italiens, les Romains en premier lieu, ont fait des papes, des cardinaux, des évêques, des prêtres et... des employés. En 1910 les cardinaux italiens représentaient encore les deux tiers du Sacré Collège ! C'est dire leur puissance. Ils sont moins d'un quart aujourd'hui (17 %).

Cette habitude et cette familiarité ont fini par conditionner la mentalité à l'intérieur du « système

Vatican ». Il compose un cocktail unique : une pincée d'orgueil bien compris et typiquement romain (être de cette ville historique) ; une grande culture ; le sens de la loi, du droit, immédiatement assorti d'une fabuleuse capacité d'adaptation, de souplesse, où rien n'est finalement jamais appliqué à la lettre ; une bonne humeur, un humour sur soi ; une chaleur et humanité typiquement méditerranéenne, mais aussi un art de dissimulation et un art de ruse presque vertueuse, digne de Machiavel. Avec cette nuance : si l'habileté est de mise, la méchanceté l'est moins ou rare en tout cas, dans la proportion normale de l'humanité.

Un dernier raccourci permet de saisir en profondeur les racines de cette culture : que serait, par exemple, le Vatican à Bonn, Washington, Jérusalem, Tokyo ou Abidjan ? Quels penchants ces capitales imprimeraient aux mœurs et pratiques internes de la centrale de l'Église ? Il en va ainsi de Rome et de la psychologie du sud de l'Italie. Certes redoutable, elle donne toute sa saveur à cette institution et à son quotidien. Et peut-être cette magie qui lui permet de traverser les épreuves du temps.

Un monde d'hommes

Cinquième loi non écrite du Vatican : il s'agit d'un monde d'hommes, célibataires. Cela semble une évidence, mais les comportements induits le sont moins... Les pensées vont tout de suite aux quelques cas impliqués dans des questions douteuses ou homosexuelles.

Le nier serait absolument ridicule. Il existe effectivement, aux marges, des prêtres peu à l'aise avec le célibat ou liés à des penchants certains. À l'intérieur de cette minorité, quelques-uns ont été mutés à Rome à la suite de problèmes d'équilibre personnel. Une administration leur sera plus propice que le contact direct des fidèles, pense-t-on... Mais il y a aussi ceux qui craquent ou perdent leur sérénité tant ce mode de vie administratif peut sembler desséchant à celui qui a voué sa vie pour Dieu et pour les autres.

En clair, un tempérament altruiste, brillant, peut se retrouver par sa réussite en poste de responsabilité dans cette administration. Au fil des jours, des horaires de bureau (on ne travaille pas l'après-midi sauf deux jours par semaine) et de la douceur romaine, il finit, très loin de son pays, par déprimer. La routine étouffe son feu sacré... les évêques qui laissent partir de jeunes prêtres – le Vatican lance régulièrement des appels en ce sens pour renouveler et internationaliser son personnel – sont d'ailleurs très attentifs à la santé psychologique de leurs protégés. Ils savent que tenir au Vatican est difficile, ne « prêtent » souvent leurs prêtres que pour un contrat à durée déterminée.

Quant aux problèmes d'ordre sexuel, ils échauffent les imaginations mais touchent une minorité. Et ils ne sont rien comparés à un autre comportement majoritaire mais invisible : le syndrome du carriérisme présent dans l'Église comme dans la société. Il est particulièrement aigu à Rome. La raison en est simple, et n'apparaît pas de prime abord. Un prêtre, qu'il soit italien, espagnol, français, brésilien, vietnamien, polonais, australien, choisit cette voie par vocation après un grand renoncement – le choix du célibat –, et une longue mise à l'épreuve, le passage au séminaire où son appel est vérifié. L'ordination sacerdotale est un acte décisif. Le prêtre, âgé en moyenne entre vingt et trente ans, s'engage à vie, pour Dieu, les hommes et l'Église auxquels il se donne corps et âme. Son choix est radical, ce qui n'est pas à sous-évaluer : Il se consacre au Christ pour que son royaume avance. Il est même censé, en bonne théologie, ne plus s'appartenir à lui-même. Il n'aura ni femme, ni enfants. L'Église sera sa vie, sa mère, son épouse, sa fille...

Ce don unique est humainement récompensé ou compensé par une activité pastorale au contact du monde. Mais au Vatican, dans une tâche administrative, il ne l'est pas. Ces prêtres, animés par des motivations exceptionnelles et radicales sont insérés dans les voies étroites d'une organisation bureaucratique, extrêmement structurée, hiérarchisée, avec des niveaux et des fonctions très précises. Inévitables, des embouteillages se produisent pour l'accès aux postes de responsabilités, muant parfois irrésistiblement le désintéressement le plus pur, en ambition consentie. Chacun veut donner le meilleur de lui-même pour la cause. Et finit, consciemment ou inconsciemment, par écraser, un jour, un confrère... Il arrive même – le comble pour un prêtre – que le cœur s'évanouisse derrière la fonction. Ces comportements inattendus et relativement courants parce que cette bureaucratie écrase les individus focalisent l'attention mais ne sauraient masquer d'autres témoignages exceptionnels : il existe dans ce milieu un désintéressement sincère et, pour certains, une sainteté rayonnante. Mais l'équilibre entre un système administratif, pyramidal, éliminatoire et une population de personnes mues par une volonté perfectionniste d'absolu, est très difficile à tenir.

TROISIÈME PARTIE

LES DÉFIS À RELEVER

7.

Quel style papal ?

Vers une papauté itinérante ?

Un événement inaperçu s'est produit en 2001. Jean Paul II, trop fatigué pour accomplir un voyage en Océanie, avec une étape en Nouvelle-Calédonie, a utilisé les ressources d'Internet pour compenser son état de santé. Sous les dorures renaissance italienne de la salle Clémentine du Vatican il a promulgué électroniquement – instantanément et simultanément dans tous les diocèses de cette région du monde – le texte d'une exhortation apostolique, pour l'Océanie précisément. Ce document était la conclusion d'un synode romain dédié au futur des Églises de ces pays.

Six ans plus tôt, en 1995, le même Pape avait parcouru le continent africain de haut en bas. Il avait accompli 16 780 kilomètres en sept jours pour promulguer un texte similaire mais consacré à l'Afrique. Il avait alors choisi trois étapes, le Cameroun, l'Afrique du Sud et le Kenya.

Internet ne remplacera jamais le contact facile des avions, mais une vraie question se pose au début de ce nouveau pontificat : quelle stratégie ce nouveau Pape va-t-il adopter pour les voyages hors d'Italie ? Le « style Jean Paul II » d'une papauté itinérante, n'hésitant pas, même malade, à couvrir tous les points du globe, ou une attitude plus statique ? Cette question apparemment exotique est très sérieuse. Sont en jeu l'équilibre entre Rome, centre de l'universalité de l'Église, et son extension sur tous les continents. Ainsi que le mode d'exercice direct du pouvoir dans l'Église. Deux voies s'ouvrent en effet. Benoît XVI peut donner la priorité à la gestion interne de l'Église où il exercera un pouvoir bureaucratique. Mais il peut aussi privilégier le contact humain en développant son influence par son charisme. Deux perceptions qui ne s'opposent pas forcément l'une à l'autre.

À quoi servent au juste ces voyages ? Hors d'Italie, Jean Paul II en a accompli plus d'une centaine, systématiquement invité par les Églises locales et par les États qui étaient demandeurs. Ces visites ont souvent été une bénédiction pour le calendrier politique local : une poignée de main entre le Pape et le président ne nuit jamais à une campagne électorale à venir… L'analyse des textes démontre toutefois que le Pape et l'Église ont, de leur côté, exploité ces occasions pour dénoncer les injustices, sociales ou politiques, avec tact, mais sans concession. Il est aussi arrivé que certains projets de voyages soient reportés parce qu'ils étaient trop proches d'une élection. Recevoir le Pape a également servi le prestige de nombreux petits pays, comme Malte par exemple, si désireuse d'entrer en Europe.

Pour l'Église locale, l'arrivée du Pape suscite une fête colorée, extraordinaire, une célébration publique de la foi. Elle renforce les communautés chrétiennes, premières bénéficiaires de ces voyages qui les relie à l'Église universelle par le biais de la télévision et de la presse. Certes ces visites sont coûteuses, mais cette question est souvent perçue comme insultante, surtout dans les pays pauvres. Chacun y met librement du sien, et de sa poche. C'est une question d'honneur et de fierté : les célébrations doivent être les plus réussies.

Le Pape et l'équipe romaine de la suite bénéficient eux aussi de ces déplacements. Même si le pays se présente sous son meilleur jour, revêtant son costume du dimanche, c'est pour les Romains un contact avec la réalité. L'occasion d'une relation humaine unique, loin des rapports écrits, des lettres ou des messages impersonnels.

Évidemment, cette politique a inquiété. Le Pape, curé du monde ne risquait-il pas de mettre en péril la pastorale de chaque évêque en son diocèse, et de chaque prêtre en sa paroisse ? Les fidèles ne se référant plus qu'à lui, ce chef suprême aurait ainsi court-circuité les corps intermédiaires habituels de l'Église catholique.

Rares sont pourtant les plaintes qui suivent une visite du Pape. Si certains critiquent la « papolatrie », l'Église sort plutôt rajeunie de ces rendez-vous. Tous savent aussi que, si des événements exceptionnels comme les Journées mondiales de la jeunesse touchent des cœurs et encouragent des initiatives spirituelles ou caritatives, la vie profonde de l'Église, son cœur battant, se tiennent normalement éloignés du spectaculaire. Quant au thème de la concurrence pastorale du Pape, il interroge plutôt le rayonnement personnel de ceux qui s'en inquiètent.

D'autres courants, plus traditionalistes, ont toujours considéré ces voyages avec circonspection, estimant que le Pape s'exposait trop et de manière inconvenante : Pape super star. Ils attendent une image de la papauté plus cérémonieuse et plus sacrée. Un Pontife haut en dignité, qui parlerait peu, sinon sur des sujets très importants.

Cette crainte d'une « surmédiatisation » est pourtant devenue caduque aujourd'hui. La globalisation impose, la géographie de l'Église oblige, la facilité des transports dispose. Il y aurait vraiment anachronisme à voir un Pape réticent à prendre l'avion. Car l'enjeu des voyages est aussi celui de l'Église catholique. Leur nouveauté, lancée par Paul VI et confirmée par Jean Paul II a été de les situer comme un acte ordinaire et habituel de la pastorale de l'Église universelle. Ils s'enracinent dans la théologie du concile Vatican II qui valorise les Églises particulières. Ce qui impose au nouvel élu de poursuivre cette politique. Il devrait en tout cas justifier son retrait sur ce terrain s'il décidait d'agir autrement. Ces déplacements ont contribué à bâtir le succès de Jean Paul II, favorisant un contact humain, réel, ils ont enrichi l'Église, lui donnant une nouvelle conscience d'elle-même. L'impact populaire de son successeur en dépend aujourd'hui. Et s'il n'a pas ce charisme, il devra l'acquérir rapidement.

Un homme de télévision ?

Dan Rather, le célèbre présentateur américain de télévision, a dit un jour de Jean Paul II que sa force télégénique ne venait pas de la composition d'un personnage mais de sa sincérité devant les caméras. Son oubli des téléobjectifs. L'image du Pape s'est pourtant retournée contre lui. Son pontificat, en la matière, aura connu le meilleur et le pire. Les reportages télévisés sur son voyage en Bulgarie au printemps 2002 furent terribles à cet égard. Il se trouvait dans une phase de fatigue extrême, son visage, en gros plan, était totalement figé par le froid et par la maladie de Parkinson, avec en détail le triste spectacle de filets de bave propre à cette affection. Choc identique en septembre 2003 lors de son voyage en Slovaquie, le 102e, où il était pour la première fois apparu totalement incapable de marcher, ne pouvant même pas prononcer l'intégralité de ses discours. Preuves, sans doute, qu'il ne s'agissait pas d'une stratégie de communication. Et pourtant, dès le début du pontificat, le Vatican a amplement favorisé le travail des télévisions. Jean Paul II est ainsi passé du jeune sportif, n'hésitant pas à jouer du geste et de mimiques hilarantes, au vieillard, littéralement cassé en deux, tremblant, ne cachant rien de l'état pitoyable de sa maladie.

Cette forte exposition de Jean Paul II aux caméras et au public, six jours encore avant sa mort, tel un boomerang, est revenue contre lui à la fin de sa vie. Elle l'avait magnifiée, elle finit par le crucifier. Pis, elle accentuait l'impression dans l'opinion, d'un Pape accroché au pouvoir alors que toute personne de son âge, et atteinte par une telle maladie, aurait démissionné.

Cette question, très largement répandue, fut nourrie à chaque apparition télévisée. Même si ce vieux lion, fourbu et défiguré, révulsait autant qu'il touchait par le témoignage d'une vie donnée jusqu'au bout. Ce fut notamment le cas lors de l'année jubilaire 2000, quand il se rendit en Terre sainte, ou lors des JMJ de Toronto en juillet 2002.

Que fera Benoît XVI ? Il ne peut en aucun cas éluder cette question. Et sans doute devra-t-il en débattre car deux lignes de conseils s'opposent. À la curie, les uns estiment que le précédent pontificat a été beaucoup trop exposé au public. Le Pape, et l'Église avec lui, gagneraient à se montrer plus discrets. À ne pas négliger les sorties en public, mais à les réserver pour des occasions plutôt exceptionnelles. Faute de quoi l'institution serait en passe de perdre l'autorité et la solennité qui sied à toute religion.

Une autre tendance considère que Jean Paul II a ouvert une voie que nul ne pourra plus refermer. Il a confirmé celle de Paul VI, son prédécesseur : le Pape est descendu de son piédestal inaccessible et lointain. Il a aidé à rapprocher le Pape de l'exemple de l'apôtre, simple, aimant, disponible, offert à tous.

Ce débat sur l'image au conclave recoupe l'une des grandes lignes de fractures de l'Église actuelle. À savoir celle qui oppose une ligne très inquiète de l'affaiblissement institutionnel de l'Église – option défendue par une tranche âgée mais aussi par bon nombre de jeunes – et une ligne plus évangélique, préoccupée par le témoignage de vie de chaque membre de l'Église et, au premier chef, du successeur de Pierre. Crédibilité de vie en somme, contre permanence de la structure. D'un autre point de vue, l'Église n'a pas à jouer un rôle de composition façon théâtre du monde. Si l'irruption de la télévision sur la scène papale change la donne, l'Église, sans concession sur la superficialité du maquillage, ne peut toutefois faire marche arrière.

Un patron ou un président ?

En octobre 1999, le cardinal Carlo Maria Martini, alors archevêque de Milan, créa la surprise lors d'un synode sur l'Europe à Rome. Il demanda la tenue d'un concile – sans le nommer, « Vatican III » – notamment pour revoir et élargir dans l'Église la participation aux grandes décisions. Son intervention sonna comme un coup de tonnerre, réveillant un profond débat, celui de la démocratie mais révélant aussi l'ampleur du malaise partagé du haut en bas. Cette question, la gouvernance de l'Église, le Pape, patron ou président, s'impose ainsi comme un axe majeur de ce nouveau pontificat.

Comment Benoît XVI va-t-il s'y prendre ? Son style de gouvernement sera déterminant. Il trouve en face de lui un corps ecclésial très sensibilisé, mais divisé sur le sujet. Puisqu'à l'opposé du cardinal Martini certains estiment que la fonction papale a perdu de son autorité. Ces deux tendances, nettement opposées, se sont même affrontées à la fin du pontificat de Jean Paul II. L'une critiquait ouvertement le fonctionnement actuel de l'Église, elle réclamait plus de démocratie dans la prise de décision.

L'autre redoutait précisément cette démocratie potentielle voie ouverte au délitement de l'Église.

Entre ces extrêmes aucun dialogue n'est possible. Pour les uns, le Vatican est un Kremlin, bureaucratique, centralisé, étatique, autoritaire, dogmatique, figé. Pour les autres, la démocratie conduirait à une fédération d'Églises autonomes, où l'enseignement, les règlements internes, varieraient selon les pays. Seul serait sauf un noyau commun de foi au Christ.

Ce fond de tableau fut aggravé par un phénomène typique de toute fin de règne : la tête affaiblie, les bureaux, les services du Vatican, ont, en quelque sorte, pris le dessus. Non par une révolution de palais, mais par la force tranquille de la gestion des affaires courantes. Comportement qui a fini par exaspérer les diocèses et jeter de l'huile sur le feu de la question du gouvernement de l'Église.

À quoi il faut ajouter une déception sur la politique des synodes dans le pontificat de Jean Paul II. Dans l'Église, le synode vient en dessous du concile. Ce dernier réunit tous les évêques du monde pour une remise à plat fondamentale des orientations de l'Église – comme le concile Vatican II – ou pour trancher sur une question dogmatique, sur le modèle des nombreux conciles des premiers temps de l'Église. Le synode, en revanche, de taille plus modeste, peut se réunir à l'échelle d'un diocèse ou à Rome sur un plan universel, sur une question spécifique, par exemple, le rôle et le métier d'évêque, la place des religieux ou celle des laïcs dans l'Église.

Les synodes que Jean Paul II a vivement encouragés ont beaucoup promis mais bien peu conclu. Sinon des discours généraux avec peu d'applications concrètes. Si leur mérite fut de permettre à toutes les tendances de s'exprimer, les propositions les plus audacieuses furent souvent classées sans suite... D'où un étonnant paradoxe : quarante ans après le concile Vatican II qui annonçait une ère nouvelle, une plus grande synodalité dans l'Église, une plus grande démocratie dans la prise de décision, le bilan est maigre aux yeux de beaucoup. Les réunions multiples et variées ont bien eu lieu. Mais elles n'ont rien changé sur le fond. Un échec toutefois relatif car un début de culture nouvelle – la synodalité – s'est tout de même installée dans l'Église.

Au-delà de l'évolution synodale, deux autres facteurs imposent inexorablement une évolution sur la façon de gouverner. Le premier est le niveau de préparation et de formation d'un certain nombre de cadres de l'Église, prêtres, évêques, diacres et... laïcs. Les prêtres ou les évêques ne sont plus simplement sortis directement du séminaire avec, pour seul bagage, la théologie et quelques sciences humaines. Beaucoup parmi eux ont poussé très loin des cursus d'ingénieurs, d'écoles de commerce avant d'accomplir une formation ecclésiale. Dans une structure organisée comme l'Église, on ne peut plus les considérer comme de petits soldats dociles. Ils ont été formés à une culture de réseau, de prise de décision en groupe de travail, de consultation d'experts.

Même évolution pour les laïcs. Ils ont leur vie professionnelle mais plus l'Église manque de cadres plus ils ont tendance à s'y engager personnellement. Par le biais de formation continue, ils ont acquis licences et pour certains des doctorats en théologie ! Un prêtre ou un évêque ne peut donc plus s'adresser à eux comme à des brebis démunies d'esprit critique...

Ces laïcs, doubles compétents, comme ce nouveau clergé, revendiquent une voix au chapitre. L'Église aurait tort de se passer de cette richesse intellectuelle et devra en assumer les conséquences : une remise en cause de la vision cléricale du savoir et de l'autorité.

Seconde évolution majeure pour le management de l'Église : la révolution technologique de l'information qui change déjà la donne dans la prise de décision. L'Église n'a pas été la dernière à utiliser les capacités mondiales de la toile électronique pour communiquer. Tous les ordres religieux et la majeure partie des diocèses sont et ont été très tôt connectés. Comme si ce moyen technologique épousait parfaitement les besoins de cette organisation globalisée. Les allers et retours de courrier électronique vont donc bon train emportant avec eux le mythe d'un centralisme romain à sens unique. Communications intenses aussi sur un plan régional, transversal, continental entre les différentes Églises locales. Cette évolution paraîtrait banale si l'écrit, dans la culture de l'Église, n'occupait une place centrale. Cette entreprise mondiale n'échange en effet, ni exporte, aucun produit sinon sa foi, des hommes et des idées. La communication écrite est donc stratégique pour elle. Il sera intéressant de mesurer l'influence de cette puissance technologique sur l'ecclésiologie, l'organisation interne de l'Église, et sur l'exercice du pouvoir.

Au-delà des gadgets de la technologie, reste un dernier point, la question de la tête, du centre nerveux de l'Église. Rome, la curie romaine, la fonction papale sont souvent critiquées pour des méthodes jugées trop autoritaires. D'un autre point de vue l'Église doit résoudre une équation composée d'un gouvernement global pour des entités particulières sans aucune liberté quant à leur identité catholique mais quasiment autonomes quant à leur gestion courante. Aucun corps organisé n'échappe toutefois à la nécessité d'un centre : comment ce dernier doit-il donc agir ?

Les protestants et des orthodoxes connaissent aussi ce paradoxe : ils sont les premiers à refuser le centralisme romain et la primauté du Pape. Mais ils sont aussi en pointe pour regretter – les uns pris dans des spirales de divisions, les autres dans des récupérations nationales, voire nationalistes – un centre international et autorisé. Au-dessus des partis ce centre pourrait résoudre des querelles impossibles à trancher localement, mener des arbitrages, que seules une vision internationale et l'absence d'implications personnelles, permettent de résoudre.

Le nouveau Pape Benoît XVI doit donc tenir les exigences d'un centre mondial, tout en respectant la maturité acquise de la périphérie. Les outils humains, juridiques et techniques existent pour exercer ces deux niveaux de pouvoirs, local et central. Affaire de dosage, de style, sans doute. Et de grand art, assurément.

8.

Quelle politique pour l'Église ?

Expansion ou déclin...

Le style n'est pas tout. Benoît XVI est en charge de l'Église catholique, désormais comptable de son développement ou de son déclin. Ses deux prédécesseurs, Paul VI et Jean Paul II, ont appliqué une décision inédite dans l'histoire de l'Église : celle du concile Vatican II où, pour la première fois, elle a reconnu ne plus être l'unique détentrice de la vérité sur Dieu et sur le monde.

Les conséquences de ce tournant sont incalculables. D'abord vis-à-vis des autres confessions chrétiennes. Même si l'Église catholique se considère en premier lieu comme dépositaire de la révélation divine issue de l'incarnation de Jésus-Christ, elle dialogue avec les orthodoxes et les protestants. Vis-à-vis des religions non chrétiennes ensuite, islam, hindouisme, bouddhisme au sein desquelles l'Église catholique reconnaît des « semences » de vérité – c'est le terme employé. Sauf le cas particulier du judaïsme : l'Église catholique non seulement reconnaît la foi juive, c'est sa propre source mais elle s'y sent intimement liée. Les juifs sont désormais des « frères aînés » dans la foi même si cette relation est entachée par les terribles heures antisémites de certains catholiques. Globalement donc, l'Église considère les autres religions, les respecte et leur adresse la parole. Cette ouverture a provoqué une crise interne dans l'Église qui a notamment conduit au schisme de Mgr Lefebvre. Cet évêque français, connu pour son refus d'adopter la nouvelle messe – dite de Paul VI –, l'est moins pour son rejet catégorique de la nouvelle liberté religieuse issue du concile Vatican II.

Cette crispation intégriste va plus loin puisqu'elle remet en cause la dynamique même de l'Église catholique et tourne le dos au prosélytisme. Mais comment exercer sa mission ? Ne la définit-elle pas comme l'annonce explicite de l'Évangile à la terre entière... Doit-elle encore chercher à convertir, ou se limiter à l'entretien de son propre troupeau ? Expansion ou déclin ? Benoît XVI, le nouveau Pape, ne peut remettre en cause les décisions d'un Concile, mais il doit affronter ces contradictions.

Faut-il vraiment évangéliser ?

Deux écoles s'opposent en effet sur la mission et l'évangélisation. Deux caricatures aussi. Le jeune converti, croix au cou, membre d'une communauté charismatique, pratique « l'évangélisation directe »

– le terme est consacré – au coin d'un carrefour du boulevard Saint-Germain à Paris. Il aborde les passants avec cette question « connaissez-vous Jésus-Christ ? » et témoigne de sa propre foi. La conversation s'engage. Elle peut aboutir un jour ou l'autre à une conversion. L'Église doit ainsi témoigner, proposer, attirer, et pourquoi pas convertir, telle est l'image de la nouvelle évangélisation lancée et encouragée par Jean Paul II.

À quelques kilomètres de là, dans la banlieue Nord de la capitale, trois religieuses en civil prient discrètement dans leur appartement HLM. Elles habitent au cœur d'une des cités les plus dangereuses de la zone. Aucun signe ostentatoire. Une présence seulement. Un témoignage silencieux. Une aide concrète aussi, alphabétisation, œuvres sociales... Levain dans la pâte, l'Évangile se diffuse sans se dire, par des actes. L'Église est au service du monde. Une conception de « la théologie de l'enfouissement », directement issue du concile Vatican II.

Plusieurs milliers de kilomètres au sud, en Côte d'Ivoire. André, catéchiste professionnel, parcourt un village de brousse. C'est un laïc formé pour enseigner, former, éduquer, transmettre l'enseignement de l'Église. Il perçoit un salaire et accomplira une carrière dans ce métier. Il aide aussi les prêtres à subvenir à tous les besoins de la vie communautaire. Rien de plus naturel pour lui que de confirmer la foi de ses frères et de chercher à témoigner. Parler de son Dieu en Afrique est une évidence. D'ailleurs son pays est une « terre de mission » pour l'Église.

Évangélisation, mission, de quoi parle-t-on ? Traditionnellement la mission désigne l'action finalisée par la conversion de quelqu'un au christianisme. Les moyens pour y parvenir vont du témoignage spirituel individuel à l'action sociale, caritative, éducative ou, éventuellement, à la persuasion intellectuelle.

Sans imposer, le chrétien convaincu souhaite initier son interlocuteur à la « bonne nouvelle ». Il espère la lui transmettre pour que son prochain vive heureux. Le témoignage personnel se trouve ainsi au cœur de la mission. Il en est la clé. Une face triste fera fuir, une vie heureuse attirera, disposant le cœur et l'esprit à recevoir l'Esprit saint. En bonne théologie, c'est lui, et lui seul en effet qui convertit.

L'Église accorde donc une place centrale à la mission qui est presque sa raison d'être. À Rome une sorte de super ministère lui est dédié. « Propagande de la Foi » il y a peu – le terme est encore sculpté sur le fronton – cette structure s'appelle aujourd'hui Congrégation pour l'évangélisation des peuples. Ce nom en dit long : un véritable État dans l'État au Vatican. Pour son budget, mais aussi pour sa compétence puisqu'elle s'étend à la moitié du globe.

Sont considérées en effet comme « terres de mission » les pays dont les Églises ne sont pas encore parvenues à une autonomie suffisante. C'est-à-dire ne satisfaisant pas à deux critères essentiels : un clergé, une hiérarchie, majoritairement autochtone et des finances autonomes. C'est le cas de beaucoup d'Églises africaines. Âgées d'une petite centaine d'années. Des enfants, ou plutôt des adolescentes, à l'échelle de l'Église... Il faut encore soutenir leur développement de l'extérieur.

Cette structure romaine d'encadrement n'est pas l'unique objet de la mission. Les jeunes Églises manquent peut-être de maturité, mais d'autres semblent minées par la vieillesse. Issues de pays de vieille tradition catholique, elles sont maintenant considérées comme des zones de mission. Le christianisme y agonise, il faut souvent repartir de zéro.

Ce constat a conduit Jean Paul II à lancer le concept de « nouvelle évangélisation ». Très proche de celui de mission. Il propose – à nouveau et explicitement – le christianisme à ceux qui, baptisés, l'ont oublié tout comme à ceux qui ne le connaissent pas du tout.

Il s'agit d'entraîner l'adhésion non plus avec les moyens de coercition ou avec l'appui du pouvoir politique comme par le passé, mais par une sorte de séduction qui n'hésite pas à recourir aux moyens les plus modernes. Comme les JMJ, souvent comparées à des « Woodstock de la foi »…

Mais ce mouvement dans l'Église s'est très vite heurté à une opposition interne : d'autres tendances qui se réclament tout autant du concile Vatican II, mais qui se sentent moins en phase avec le pontificat de Jean Paul II perçu comme un véritable retour en arrière. Pour elle le christianisme, religion de tolérance et d'humilité par excellence, n'a pas à forcer son talent. Il doit se transmettre par osmose, selon l'image, et la théorie, du levain dans la pâte.

Un chrétien, à la limite, doit vivre caché, et son témoignage exemplaire de vie rayonne naturellement autour de lui. Cette conception rejette donc les ostentations de toutes sortes : vestimentaires, culturelles, identitaires, liturgiques. On place avant tout le respect de l'autre, de ses convictions. Jamais il n'est question par exemple de lui imposer les siennes. La liberté de l'interlocuteur est souveraine. On ne lui parlera du Christ que s'il le demande. Position finalement diamétralement opposée à la nouvelle évangélisation même si bien des nuances existent.

Ces deux tendances s'expriment aussi dans le protestantisme où les structures classiques, luthériennes ou réformées, sont bousculées par le dynamisme de mouvements pentecôtistes ou évangéliques. Mais dans l'Église catholique, cette opposition entre levain dans la pâte, et évangélisation directe, peut devenir paralysante.

En Occident, là où le christianisme est en déroute, l'Église officielle, dominante, maintient la ligne de la culture de la discrétion. Tout se passe comme si elle n'osait plus affirmer quoi que ce soit. Les groupes évangélisateurs y sont donc toujours considérés comme suspects, dérangeants, incontrôlables et... à contrôler. On les tolère, mais sans plus, comme des marginaux vis-à-vis de la masse du peuple de Dieu.

Cette ligne de fracture est également présente dans le clergé, chez les prêtres comme chez les évêques. Les uns défendent cette nouvelle évangélisation, tandis que les autres ne s'y reconnaissent vraiment pas ou vont même jusqu'à la combattre.

En attendant, et peut-être pour la première fois de son histoire avec une telle acuité, l'Église se trouve confrontée à un blocage interne.

En simplifiant à l'outrance tout se passe comme si l'Église dont la raison d'être, dit-elle, est l'annonce de l'Évangile, considérait que cette annonce aux non-croyants, voire sa transmission de génération en génération, n'était plus sa priorité.

Comme si son mouvement essentiel et régénérateur n'était plus vital pour elle.

La question sera d'autant plus cruciale pour le nouveau Pape qu'elle n'est pas un effet de circonstance. En certaines Églises du monde – notamment en Occident, Canada, Hollande – ce parti pris de discrétion, associé à une forte sécularisation, a conduit à l'effacement. Ces Églises semblent avoir intégré cette situation à leur propre culture et s'installer dans la posture de communautés parmi d'autres, relatives, peu combatives et en voie d'extinction.

Sans doute est-ce là l'un des défis les plus lourds de conséquences pour ce nouveau pontificat. Quelle attitude adopter ? Continuer l'élan de la nouvelle évangélisation de Jean Paul II où se reconnaît une génération de jeunes laïcs, de religieux et de prêtres ? Ou adopter un profil bas, celui de la gestion sans ambition de l'acquis ?

Faut-il continuer le dialogue avec les autres chrétiens ?

Il aura fallu attendre 482 années, une éternité, pour sceller un accord littéralement historique entre l'Église catholique et l'Église luthérienne. C'était en 1999. La querelle courait depuis 1517 : Martin Luther, moine catholique allemand, publiait à l'époque ses fameuses 95 thèses de Wittemberg, ville et université où il enseignait. Il protestait contre un scandale romain de l'époque, le trafic des indulgences. La thèse 27 est restée célèbre : « ils prêchent des inventions humaines ceux qui disent que l'âme sort du purgatoire dès que l'on a entendu la pièce tinter dans le tronc » !

Condamné par le Pape Léon X en 1520, Luther lance sa réforme, fondée sur trois piliers. « Sola scriptura », seule l'Écriture compte, le chrétien s'y confronte sans intermédiaire pour un libre examen de sa conscience. « Sola fide », seule la foi compte pour le salut, les œuvres et les mérites personnels n'ont aucune puissance, c'est Dieu qui sauve. Un seul médiateur enfin, le Christ, entre Dieu et les hommes, les ministres du culte, comme les laïcs, sont égaux. Le pasteur n'a pas le pouvoir de médiation du prêtre catholique.

L'accord de 1999 porte sur le second point, « sola fide », le rôle unique de la foi pour le salut éternel. Les théologiens appellent cette question la « justification ». Autrement dit : « Qu'est-ce qui justifie l'homme pour son salut aux yeux de Dieu ? » « La foi ! » répondaient en chœur luthériens et catholiques, à la veille du 2000[e] anniversaire de la naissance du Christ. Ils se sont autrefois entre-tués pour ce désaccord théologique.

À Augsbourg, lieu mythique du protestantisme, une déclaration commune est signée. Elle enterre un demi-millénaire de combat. Elle solde l'une des causes essentielles de la rupture protestante... D'autres divergences subsistent entre les deux confessions chrétiennes, mais ce pas est d'une importance capitale.

Tout n'est pas pour autant aussi beau dans le paysage œcuménique. Les rapports avec les protestants réformés, par exemple, sont loin d'être bons, notamment sur la question des ministères ordonnés. Plus mauvaises encore sont les relations avec la communion anglicane ou avec l'Église orthodoxe russe.

Mais depuis le concile Vatican II, et avec le pontificat de Jean Paul II, l'Église catholique n'est jamais encore allée aussi loin sur le chemin de la convergence, de l'unité des chrétiens, l'objectif recherché. Reste que Benoît XVI, nouveau Pape, doit de l'avis de tous les spécialistes s'atteler à une série de dossiers difficiles.

Avec les anglicans par exemple : l'ordination de femmes au rang d'évêques a semé le trouble pour longtemps avec les catholiques. Des pasteurs anglicans sont même passés à l'Église catholique en signe de protestation, aggravant encore les relations globales entre les deux confessions.

Même ampleur, côté orthodoxe. Des catholiques et beaucoup d'orthodoxes résistèrent ensemble au joug soviétique, solidaires dans la souffrance et dans la résistance mais la chute du mur de Berlin a ravivé les anciens désaccords.

Maladroite, l'Église catholique a alors rétabli une hiérarchie ecclésiastique dans les pays libérés, à commencer par la Russie, mais sans en informer les autorités orthodoxes. Dans le même temps, plusieurs nouvelles communautés de l'Église catholique se sont précipitées en Russie, espérant que ces habitants, selon une révélation de la Vierge à Fatima, allaient se convertir à l'Église catholique... C'était bien mal connaître la tradition orthodoxe et finalement catholique puisque toutes deux ne furent qu'une pendant le premier millénaire. La tradition orthodoxe fonde en effet la légitimité de l'autorité religieuse à la succession apostolique mais aussi à un lieu, à une terre. C'est ainsi que la sainte Russie, mystique, est de par son histoire et sa tradition une terre orthodoxe presque au sens géologique du terme. La terre y est sacrée. Dans ces conditions, l'Église catholique n'y est pas bannie, mais elle ne peut y vivre et s'y développer comme si de rien n'était. Elle doit respecter cette théologie et cette histoire.

Ce problème fut aggravé par une question plus difficile encore et toujours non résolue : celle de « l'uniatisme ». Ce terme péjoratif désigne les Églises catholiques de rite oriental (c'est-à-dire non latin, proche du rite orthodoxe) qui sont restées unies (uniates) à Rome, refusant de suivre, pour des raisons multiples, les Églises orthodoxes.

La situation la plus délicate de l'uniatisme est celle de l'Ukraine où existe depuis des siècles une Église gréco-catholique. Staline, pour des raisons politiques, organisa et manipula un synode de l'Église orthodoxe pour annexer l'Église gréco-catholique d'Ukraine, la privant d'existence légale. Mais une partie de celle-ci refusa cette décision et entra dans la dissidence. Église du silence, elle célébrait, été comme hiver, ses messes en secret, dans les forêts, dans des caves ou dans des greniers.

Rome, dès lors, accorda, autant qu'elle le pouvait, c'est-à-dire dans la confidentialité, un soutien à ces catholiques persécutés. Certains d'entre eux payèrent d'ailleurs le prix fort, et périrent en prison à cause de leur fidélité à Rome.

Quand la fin du communisme permit le rétablissement des cultes en Ukraine, l'Église gréco-catholique, dite uniate, resurgit de ses cendres. Le Vatican se trouva alors pris entre deux feux : ne pouvant décevoir, ni l'Église orthodoxe ni les uniates qui avaient payé leur fidélité de leur vie, Rome tenta de ménager les deux.

Mais cette résurgence, et cet appui inévitable de Rome déplurent fortement au Patriarcat orthodoxe de Moscou. Dans les campagnes, il s'agissait par exemple de reprendre des églises, lieux de culte, spoliées sous Staline. Cette confusion et parfois ces conflits locaux entre chrétiens – on alla même jusqu'à changer les serrures des églises à l'insu des autres ! – bloqua au plus haut niveau le dialogue entre catholiques et orthodoxes. Ces derniers dénoncèrent notamment les méthodes, l'uniatisme des catholiques, leur prosélytisme...

Résultat : l'Église chrétienne la plus proche du catholicisme se trouve désormais, et pour longtemps, éloignée de Rome. Au Vatican, cette rupture est vécue comme une catastrophe par tous ceux qui cherchent précisément à retrouver l'unité perdue entre chrétiens.

C'est aussi un défi pour Benoît XVI. Allemand et non polonais, il rassure à Moscou. Quant à son prédécesseur, Jean Paul II, il avait fait de l'unité des chrétiens sa priorité avec celle des jeunes. Il était même allé jusqu'à ouvrir la discussion théologique avec les autres confessions chrétiennes sur les modalités d'exercice de « la primauté ». Langage technique ecclésial qui désigne la façon de gouverner l'Église catholique et objet de reproches incessants de la part des autres confessions chrétiennes.

Le nouveau Pape poursuivra-t-il ce dossier ? Il s'y est engagé lors de son premier discours le 20 avril 2005 (voir chapitre 1). Cette révision de l'exercice du primat de l'évêque de Rome sur tous les autres évêques, y compris sur les autres confessions est une des clés majeures de l'œcuménisme. Les autres

Églises chrétiennes reconnaissent en effet à l'évêque de Rome, une primauté d'honneur liée à l'histoire du christianisme. Mais elles contestent sa façon d'exercer le rôle de successeur de Pierre. Se mettre d'accord avec elles sur la façon d'être le premier sans que soit froissé l'exercice, et les responsabilités légitimes de chaque évêque pourrait favoriser le retour à l'unité perdue depuis mille ans.

Jusqu'où parler avec les autres religions ?

L'image est historique : en 1986, à Assise, le Pape invite les religions du monde à prier pour la paix. Cette décision réjouit les uns, scandalise les autres. N'ont-ils pas été élevés dans la conscience qu'il n'existe pas de salut en dehors de l'Église ? Jean Paul II aura pourtant poussé ce projet avec la complicité du cardinal français Roger Etchegaray en prenant soin d'éviter tout syncrétisme, cette confusion, mélange des religions. Mais il n'aura pas cédé sur sa vision prophétique : donner au monde un signe. Celui de religions unies pour la paix, chacune priant dans son rite.

Impensable trente ans plus tôt, cette initiative, comme le dialogue entre chrétiens, est un fruit du concile Vatican II. L'Église s'est ouverte aux autres religions : hindouisme, bouddhisme, religion juive, islam… Elle a même créé un ministère dédié à ce dialogue, le Conseil pontifical pour le dialogue interreligieux.

Véritable révolution : quelques années plus tôt – c'est encore vrai dans certains milieux catholiques – un tel dialogue était jugé totalement suspect, dangereux car relativisant les religions les unes par rapport aux autres. Et inutile, puisque l'Église catholique estimait être le lieu le plus abouti de la révélation divine sur terre, les autres religions n'étant détentrices que d'une parcelle de « la » vérité.

L'Église catholique, même depuis le concile Vatican II, continue de s'exprimer ainsi. Un débat intense la traverse : Un texte de l'an 2000, qui défraya la chronique, « Dominus Jesus », s'est chargé de le rappeler. Il entendait précisément lutter contre le relativisme religieux dont l'Église perçoit actuellement les effets dévastateurs. Pas tant, d'ailleurs, à l'extérieur, car elle n'y peut pas grand-chose, mais à l'intérieur, chez les catholiques. Une bonne partie d'entre eux ont fini par penser que toutes les religions se valent.

Que disait ce document ? Dieu s'est incarné, à un moment précis de l'histoire de l'humanité, et de manière unique, dans le Christ Jésus. L'Église catholique est « le » lieu de l'interprétation de cette révélation. Les autres religions, ou confessions chrétiennes, participent de cette vérité mais de manière imparfaite.

Ce texte, cri d'alarme, publié par la Congrégation pour la doctrine de la foi, chargée à Rome de veiller au dépôt et à la transmission de la foi catholique, a aussi engendré une crise à l'intérieur même du Vatican, à la fois sur le fond et sur la forme. Sur le fond, une majorité de théologiens catholiques n'est pas d'accord avec le cardinal Ratzinger, patron de la doctrine de la foi mais aujourd'hui devenu Pape... Il juge son interprétation de la révélation, reçue seulement dans l'Église catholique, comme trop restrictive. Sur la forme, ce texte a été élaboré dans le plus grand secret, en excluant les responsables du dialogue interreligieux ! Ces derniers se sont émus de ne pas avoir été consultés, ou à peine, alors qu'ils étaient concernés au premier chef par les retombées de ce document.

Mais cette crise de palais révélait surtout la nouvelle problématique du dialogue interreligieux qui attend Benoît XVI.

Avant le concile, le superbe isolement de l'Église en ce domaine était jugé excessif par une large majorité des responsables ecclésiaux. Aujourd'hui, une bonne partie d'entre eux pensent que l'ouverture en ce domaine a fini par faire oublier aux catholiques la spécificité unique de leur religion : un Dieu fait homme. Ils estiment que les catholiques ne voient plus de différences fondamentales avec, par exemple, l'islam ou le bouddhisme. Beaucoup de fidèles chrétiens constatent que ces deux religions paraissent rencontrer plus de succès, qu'elles seraient peut-être mieux adaptées... Sans compter les crises propres à l'Église catholique qui suggèrent à certains qu'elle ferait mieux de s'occuper d'elle même en veillant au dialogue interne.

Et pourtant. Le dialogue interreligieux a porté des fruits et le nouveau Pape ne peut plus faire machine arrière. C'est avec la religion juive, où le passif historique était immense, que les résultats ont été les plus éclatants. Le rapprochement a permis à l'Église catholique de reconnaître publiquement certains manquements de sa part. Parmi eux, avoir favorisé, même indirectement, l'enseignement du mépris en traitant longtemps ce peuple de déicide. Cette appellation a favorisé une culture, bon terrain pour l'antisémitisme. Les actes héroïques de certains catholiques pendant la Seconde Guerre mondiale pour cacher et sauver des juifs n'ont pas pu faire oublier une complicité silencieuse, de la part d'autres catholiques, sur la Shoah ou vis-à-vis de la persécution des juifs.

Autre gros dossier : la non-reconnaissance de l'État d'Israël. Elle était dictée par une considération de droit international et par le souci de protéger les droits du peuple palestinien. Il a fallu du temps et l'engagement personnel de Jean Paul II. Il a forcé la main des diplomates de l'Église, pour trouver un dénouement en juin 1994. Six ans plus tard, le voyage du même Pape en Terre Sainte, en mars 2000, aura comme marqué la fin d'un long malentendu. Certes des zones obscures subsistent mais, dans l'ensemble, le terrain s'est dégagé. Et c'est bien grâce au dialogue interreligieux.

On ne peut pas en dire autant pour l'islam et pour les religions asiatiques. Les situations sont très diverses mais la problématique est sensiblement la même. Un dialogue courtois existe, mais à minima. Il ne débouche sur rien de concret.

En Asie, sauf aux Philippines et au Vietnam, le catholicisme reste plus que minoritaire. En Afrique, au Proche-Orient, et en Asie, les relations de l'Église avec l'islam sont globalement mauvaises, les chrétiens y sont à peine tolérés, à moins d'être en position de force. Impossible, par exemple, de construire une église dans plusieurs pays islamiques.

Et qui peut aujourd'hui prédire les conséquences religieuses et culturelles du rapport démographique très défavorable pour les chrétiens dans les pays de tradition chrétienne en Europe, où l'islam est dynamique ? Comment cette nouvelle proportion se vivra-t-elle ? L'Église sera-t-elle le facteur intégrant de cette nouvelle majorité culturelle et religieuse, une sorte d'intermédiaire pour faciliter l'intégration des musulmans dans les pays européens ou entrera-t-elle en concurrence culturelle et religieuse avec l'islam ?

C'est dire, malgré les difficultés, à quel point ce dialogue avec les autres religions est stratégique pour le nouveau Pape. Et ce, au moment où bon nombre de conflits violents sur la planète sont livrés au nom de la religion même si celle-ci ne s'y reconnaît pas.

Une partie de l'enjeu consiste donc à maintenir en permanence une ouverture au plus haut niveau, et partout où cela est possible, entre les responsables des grandes religions. Mais, sans illusion sur les situations de concurrences religieuses concrètes rencontrées sur le terrain, en Afrique notamment. Ce réalisme acquis est peut-être l'une des nouvelles donnes du pontificat. Il était loin d'être aussi développé, il y a encore trente ans.

Une Église initiatique ou de service public ?

Les grandes sociétés occidentales et urbaines poursuivent une tendance lourde : le communautarisme. Avant d'être citoyen, l'individu se sent d'abord membre d'une communauté ethnique ou religieuse. Cette culture semble favorable à l'Église. À première vue seulement.

Car là n'est pas sa tradition. Le sens étymologique du terme « catholique » est en jeu et avec lui son ouverture, son amplitude, son ambition universelle. Loin d'un enfermement sur de petites communautés, y compris paroissiales, où l'on vit bien entre soi, en compagnie d'autres initiés.

Sans en avoir l'air, la culture communautariste est aussi profondément laïque, sécularisée. Cette conception relègue les groupes religieux dans leur espace propre, en ghettos. Ils ne rayonnent plus dans la société. Les catholiques deviennent ainsi des minorités au même titre que d'autres minorités communautaires, protestantes, juives, voire homosexuelles. Société compartimentée qu'une dose de laïcisme rend finalement hostile au fait religieux, perçu au mieux comme un archaïsme à tolérer, au pire comme une menace d'intégrisme et de violence.

Ce qui conduit les groupes religieux, fidèles inconditionnels, à se sentir rejetés, agressés. Un tel climat concourt au renforcement des identités, des intégrismes, au repli communautariste rassurant, au moment où la société n'offre plus, en tant que société, l'harmonie et la convivialité suffisante.

Un comportement facilité par les nouvelles techniques de communication en réseaux (Internet, sites spécialisés, e.mail) mais aussi radios ou télévisions locales ou câblées. Elles permettent de maintenir un lien à peu de frais et à grande échelle géographique pour ceux qui communient à un même idéal.

Les catholiques sont-ils vraiment touchés par le phénomène ? La France, de ce point de vue, est un véritable laboratoire. Le catholicisme y est effectivement en train de s'organiser en micro-communautés, toutes plus actives et dynamiques les unes que les autres.

C'est à première vue un signe de bonne santé. Mais pas forcément à long terme.

En effet, même si l'Église des premiers siècles s'apparente à ce modèle, elle a toujours refusé une organisation de type sectaire. À côté de sa vocation mondiale, elle a toujours eu l'ambition d'être un autre service public. Avant l'existence de ce dernier, n'en était-elle pas le substitut sur le plan médical, social, scolaire, et parfois politique comme on l'a vu en Afrique à titre transitoire – avec des contre-exemples certes – et au sein de commissions de conciliation nationale ? Même si le terme de service public est mal à propos pour l'Église, surtout en France …

Que suppose un tel état d'esprit, une telle ouverture ? Le contraire d'une initiation. Cette initiation chrétienne existe naturellement, juste avant le baptême, caractérisée par le libre accès de tous ceux qui le désirent, dans des lieux ouverts que sont les paroisses.

Mais ces conditions ne semblent pas totalement réunies dans certains groupes, et spécialement les nouvelles communautés qui préfigurent l'Église de demain. Elles entraînent des non religieux, les laïcs, à mener une vie de grande exigence spirituelle et communautaire, allant parfois jusqu'à instaurer une règle de vie et des engagements similaires à un ordre religieux.

Ces communautés nouvelles ont considérablement apporté à l'Église ces dernières années du point de vue ecclésial, notamment parce qu'elles ont su attirer de nombreux jeunes. Mais elles sont critiquées sur plusieurs points

Le recrutement, tout d'abord. Il n'est pas fondé sur une appartenance géographique, une zone paroissiale par exemple, mais sur le contact personnel. Soit par le biais d'évangélisation directe, dans la rue, soit par le bouche à oreille entre amis, soit par une sorte de cooptation. L'Église catholique existe dans ces communautés mais elle n'est plus aussi facilement accessible comme une porte que l'on pousserait.

Second élément, l'admission définitive dans ces communautés exige un engagement formel. On pratique, par exemple, dans le renouveau charismatique, le « baptême dans l'Esprit ». Il s'agit d'une redécouverte des premiers temps de l'Église décrits dans les actes des apôtres : l'effusion de l'Esprit. Mais aujourd'hui cette expérience forte, mystique, sensible demande une préparation, une initiation spécifique à chaque communauté.

Troisième objet de critiques, la forte référence, parfois le culte – comme dans l'Opus Dei – à la personne du fondateur. Culte qui peut s'expliquer par le charisme du dit fondateur mais référence sans mesure avec la vie courante d'un catholique où les situations de grand respect d'un maître spirituel sont habituelles mais sans devenir cultuelles.

Enfin, la difficulté de quitter la communauté est aussi controversée. Un paroissien qui n'est plus d'accord avec l'Église la quitte sans problème. Il sera éventuellement sollicité par son ancien curé non en inquisiteur mais parce qu'il aura perçu une situation de détresse. Il lui viendra en aide si cette brebis perdue le désire, en respectant sa totale liberté. Dans ces mouvements – sans faire de règle générale – la sortie n'est pas si aisée. Un engagement moral, parfois contractuel à travers des vœux, est pris vis-à-vis du groupe. La progression dans la communauté passe par des étapes, parfois des vœux privés, c'est-à-dire non constatés publiquement comme pour des vœux religieux, qui lient le membre au groupe.

Parfois ces pratiques se doublent d'une certaine méfiance vis-à-vis de l'extérieur. D'une prétention à considérer que la « véritable Église » ne se trouve que dans cette communauté. Sans oublier une certaine concurrence entre ces mouvements...

Voici donc un risque, pour l'Église : se réduire une juxtaposition de chapelles, de serres chaudes, aux admissions restrictives. Ce qui ne répond plus à la définition de l'Église catholique, accessible à tous, toujours et partout.

Chacun de ces nouveaux groupes dans l'Église se défend de telles déviations. Ils ont raison : la généralisation force toujours le trait. Mais ils ne pourront nier cette nouvelle tendance lourde de l'Église à l'image de celle de la société. Son rôle de maison commune a fait place à celui de fédérateur de communautés déjà organisées.

L'enjeu est de taille : ne pas laisser enfermer l'Église dans l'image d'une communauté banalisée, de type religieuse et historique, en voie d'extinction, réserve d'indiens.

Ne pas, non plus, abdiquer la mission sociale et sociétale du christianisme. Car, dans une société communautariste, le discours critique est admis, mais réduit à une sorte d'option de conscience, individualisé par communautés. Aucune communauté n'a plus qu'une autre son mot à dire sur la gestion de l'ensemble et elle ne s'exprime que sur ses propres intérêts. Le bien commun, supra-communautaire, lui échappe.

Pourtant, souhaité ou non, attendu ou redouté, le rôle social de l'Église chrétienne appartient à sa nature profonde. Chrétienne, catholique, orthodoxe ou protestante, elle ne s'est jamais contentée de subvenir aux besoins de l'âme de ses fidèles. Elle a placé au même niveau d'exigence la charité, l'assistance du plus pauvre, du plus petit, de l'indigent, du souffrant, de l'ignorant, etc., jouant depuis bien longtemps un rôle de lien social.

Du social au politique, il n'y a parfois qu'un pas qu'elle a aussi parfois allégrement franchi. Mais ces incursions dans le politique lui ont toujours coûté très cher. Sur le moment elle en a tiré des avantages juridiques importants. En revanche, plus tard, l'entrée directe ou indirecte de clercs sur le terrain politique a immanquablement suscité une déviation, le cléricalisme, et son rejet aussi puissant, l'anticléricalisme.

L'équilibre est donc difficile à atteindre, toujours imparfait et menacé comme l'a montré l'écroulement en quelques mois de la toute-puissante Démocratie chrétienne en Italie au pouvoir depuis un demi-siècle... Mais le repli actuel de l'Église du terrain social et politique ne signifie pas qu'elle n'ait plus rien à dire ou à dénoncer sur le plan social et éthique.

Cette problématique se pose d'abord en Europe occidentale qui n'est pas le moindre des terrains pour l'Église et pas sans lien avec le choix de ce Pape européen. Si Benoît XVI et les évêques ne parviennent pas à résoudre cette difficulté, et laissent l'Église en Europe s'enfermer dans une des niches communautaires de la société, le crédit de l'approche chrétienne européenne est entièrement remis en cause, et avec lui, l'équilibre interne du catholicisme. Car, finalement, son terreau le plus prestigieux du point de vue de l'histoire et du développement serait perçu par les autres Églises catholiques du monde comme défaillant.

Comment dès lors, une Église italienne, par exemple, toujours très puissante au Vatican et encore la plus puissante en terme de gouvernement, comment une telle Église dont les résultats sur le terrain seraient médiocres et inévitables au vu de la situation démographique de l'Italie, pourrait donner des leçons à la terre entière ?

Ce ne sont là que des spéculations. Mais l'Église catholique en Europe devra inventer un mode de présence active dans les sociétés sécularisées, à l'instar de l'Église catholique des États-Unis. Le chantier est à venir.

Sans doute lui faudra-t-il apprendre à manier les outils bien connus des communautés minoritaires que sont par exemple en France les protestants et la communauté juive. Outil d'action efficace dans la société, le lobbying peut permettre à la confession religieuse d'agir et de communiquer tout en restant à sa place.

Autrement dit, continuer à exister dans la société, non au titre d'un vestige plus ou moins sympathique, mais par sa force de proposition et de réalisation. En refusant de se laisser cantonner à ses sacristies et chapelles, elle considère que son expertise en humanité – expression consacrée – a quelque chose à dire à la société.

La réponse à ce problème auquel s'ajoute celui, plus interne, de la gestion des nouvelles micro-communautés, est sans doute le défi contemporain le plus important pour le nouveau Pape.

Il s'agit avant tout de trouver, après une période du tout politique, puis du tout discrétion, une juste présence de l'Église à la société qui éviterait l'écueil du cléricalisme aussi bien que la banalisation totale.

Un défi d'autant plus difficile à relever qu'il s'accompagne d'un mouvement général dans la société, la « désinstitutionnalisation ». Les institutions, en tant que telles, tendent à perdre leur légitimité, leur autorité au profit des témoignages personnels.

Adapter l'Église, dont la part institutionnelle est souvent encombrante, à une culture assoiffée de relations personnelles authentiques, de témoins, reste sans doute l'un des virages culturels les plus complexes à accomplir. Il est néanmoins incontournable si le christianisme veut continuer à exister dans le champ de conscience culturel des sociétés modernes.

9.

Quels moyens ?

Les galeries souterraines de l'Église

Benoît XVI le sait : l'un de ses chantiers les plus ardus est celui de l'unité interne. Son unité apparente cache en effet plusieurs Églises au sein de la grande Église. Toutes sont catholiques. Mais chacune revendique une approche particulière Chapelles ? Plutôt Églises souterraines. Elles n'ont rien de secret mais elles forment plusieurs réseaux, dont les spécialistes connaissent l'existence, le parcours et les tendances.

Ces circuits ne sont pas assimilables à une droite ou à une gauche. Moins encore à une congrégation, jésuites, franciscains, dominicains... Ils sont multiformes, évolutifs, se lient et se libèrent selon la nature des dossiers.

Le débat actuel sur la liturgie par exemple. La célébration du culte aurait perdu, selon certains, le sens du divin. Ce diagnostic rallie des personnalités aussi diverses que des mouvances traditionalistes, rigoristes sur le moindre détail liturgique, et des mouvances charismatiques capables de danser une farandole devant un tabernacle ! Les deux dénoncent séparément une même carence. Les deux souhaiteraient un retour à une liturgie plus verticale, avec un sens de l'adoration de Dieu. Sur d'autres dossiers en revanche, l'ecclésiologie, c'est-à-dire la conception de l'Église et son organisation, ces deux mouvances sont en total désaccord.

Le phénomène des Églises souterraines est aussi le produit d'une lente évolution caractérisée par la fin progressive de la contestation ouverte des années 70. Dans l'Église le débat a été remplacé par une quasi-théologie du « vivre ensemble », toutes sensibilités confondues, sous la conduite vigilante des pasteurs. Ils étaient en effet aussi soucieux de l'unité du troupeau que de la raréfaction des troupes...

Pour sortir de l'ostracisme et des anathèmes réciproques, cette politique a consisté, en France notamment, à faire travailler des sensibilités aussi différentes que l'action catholique et les mouvements charismatiques. Mais elle a eu ses effets pervers : les fortes différences ne se sont plus exprimées. Elles n'ont plus été débattues, sinon dans des petits comités internes ou à mots couverts. Ce qui a favorisé, parmi beaucoup d'autres facteurs, le développement des Églises souterraines, discrètes et calculatrices. Les unes en attente du prochain Pape, les autres d'un terrain favorable dans la nomenklatura de l'Église pour accéder à des postes de pouvoir. Mais, de débats, vifs, contradictoires, en plein jour, jamais, ou si peu...

Des nuances s'imposent évidemment, mais ces deux camps existent bel et bien dans l'Église catholique. Le parti laïque où, à leur place, les chrétiens accompagnent l'expansion humaine et sociale (et non plus les « progressistes » au sens des années 70) et le parti mystique où les chrétiens travaillent à une expansion religieuse et spirituelle du christo-catholicisme.

Le parti laïque considère que l'Église doit d'abord remplir un rôle de charité sociale, celui d'aider les hommes et les femmes à mieux vivre là où ils sont, dans l'époque où ils vivent. L'Église ne doit pas trop se soucier de ses dogmes et de ses institutions mais avant tout imiter le Christ dans son assistance aux pauvres, quels qu'ils soient, pauvres du cœur ou pauvres en argent. La prière n'a donc ici de sens qu'ordonnée à l'action sociale. Le spirituel pour lui-même est toujours un peu suspect. Certains dénoncent même la notion de « confort spirituel ».

Ce parti attend des réformes : plus de démocratie dans l'Église ; accès à l'ordination diaconale voire sacerdotale des femmes, ordination d'hommes mariés ; révision de l'enseignement de l'Église pour permettre aux divorcés remariés de communier et enfin une décrispation en morale sexuelle (contraception, homosexualité...)

Tout au contraire le parti mystique ne place pas d'abord l'Église sur l'horizon social. Il l'envisage d'abord transcendantale, verticale. La mission, la transmission de la foi, la conversion sont à relancer. Ils jugent l'Église trop timide sur ces questions. Ce parti s'étonne, par exemple, que l'Église ait cessé de vouloir convertir au christianisme. C'est le spirituel d'abord. Il faudrait donc retrouver le rôle missionnaire de l'Église, la re-sacralisation de la liturgie, l'enseignement orthodoxe de la foi aux jeunes comme aux adultes et un plus grand respect de la discipline de l'Église en matière sexuelle, célibat des prêtres y compris.

Peu de points communs à ces deux visions, ces deux partis même si cette notion est totalement étrangère, voire scandaleuse, dans un vocabulaire ecclésial. Pourtant l'élection du nouveau Pape s'est aussi jouée sur le choix entre cette dualité de programmes jamais vraiment explicités. Ce débat neutralisé pendant plusieurs années n'en aura que mieux resurgi, car il est incontournable, nécessaire à la vitalité intellectuelle de l'Église.

Quant à l'unité de façade, elle aura eu des effets contrastés : positifs parce qu'elle a permis une certaine paix interne. Les uns et les autres, y compris des évêques, auront appris à se connaître, à se parler. Négatifs, car elle aura plongé l'Église dans une atonie intellectuelle, où le devoir de charité et de respect aura enrobé, voire endormi, l'acuité des débats.

Benoît XVI va devoir gérer ces tendances divergentes. Affrontera-t-il le débat de fond ? L'ampleur des problèmes sur le terrain, et un désarroi certain des pasteurs et des fidèles, lui confèrent un caractère d'urgence.

Endiguer la crise des vocations

Une histoire vraie : dans un diocèse de France, un brave curé de campagne reçoit un appel téléphonique. Un diacre permanent (homme marié mais ordonné par l'Église catholique pour rendre plusieurs services dont la possibilité de présider des mariages) l'informe qu'il viendra justement bénir dans cette paroisse l'union d'un couple ami. Le jour et l'heure sont fixés et tout se déroule comme prévu. Le curé s'étonne tout de même que son rôle soit à peine limité à celui d'un enfant de chœur, mais il passe sur ce détail. Il est en revanche très surpris lorsqu'il reçoit, quelques jours plus tard, un étrange courrier : le diacre lui envoie une facture en bonne et due forme de sa prestation, tout comme une société de service le ferait pour un client ! Furieux, le curé qui n'avait rien demandé à personne et qui a ouvert son église pour rendre précisément service réexpédie la facture à l'évêché...

Ce cas limite n'est pas le lot quotidien des conflits entre diacres permanents et prêtres. Mais il est révélateur d'une tension fréquente avec ces nouveaux venus dans l'Église catholique que sont ces diacres permanents. Pour pallier la crise des vocations, plusieurs Églises occidentales ont en effet choisi de développer cette fonction en appelant des hommes mariés, mûrs, pour les former et les ordonner au premier niveau de l'ordre clérical, le diacre. En France, la courbe d'ordination des diacres permanents a d'ores et déjà croisé celle des ordinations de prêtres qui baisse désormais.

Cette solution permet de rendre de considérables services : ces diacres permanents peuvent présider des mariages, célébrer des baptêmes, prêcher le dimanche et occuper beaucoup de charges administratives. La notion de service est d'ailleurs le sens premier du diaconat. L'expérience est globalement plutôt réussie et certains y voient même un signe avant-coureur du mariage des prêtres.

Mais à y regarder de plus près, et quels que soient les intentions ou espoirs placés dans le diaconat permanent, cette solution à la chute des vocations sacerdotales n'est rien d'autre qu'une manifestation encore cléricale de l'Église catholique. Elle suppose l'obéissance du diacre à l'évêque. C'est-à-dire la reconnaissance implicite d'une certaine impuissance de l'Église à avancer ou à s'organiser en dehors des clercs même si le recours aux laïcs est publiquement revendiqué.

Ce qui pose la question de la délégation du pouvoir. Non le pouvoir spirituel effectivement lié à l'ordination, mais le pouvoir de gestion, d'organisation, de prévision, de management, de conseil, de lobbying, etc. Dans quelle mesure en effet, l'Église compte-t-elle vraiment, et pas seulement en parole, sur les millions de laïcs qui la suivent ?

Il est vrai, en France notamment, mais aussi en Afrique, en Allemagne, en Suisse ou aux États-Unis, que l'Église catholique a depuis longtemps promu des laïcs, tout court, non ordonnés, à des postes de responsabilités. Ils sont souvent salariés et dépendent de la structure. Mais on est encore loin d'une Église qui s'appuierait vraiment sur les laïcs, non ordonnés, non salariés, considérés comme de véritables partenaires.

Actuellement, la représentation des laïcs passe essentiellement par les mouvements organisés. Autrement dit, il faut être de telle ou telle chapelle, pour être reconnu. Ce phénomène n'existe pas au niveau paroissial mais il s'installe au niveau diocésain. Fait établi, à Rome, sur un plan universel il dissimule un énorme risque pour ce pontificat : la cléricalisation. Autrement dit une sorte de professionnalisation de l'encadrement de l'Église qui imposerait obligatoirement un statut de clerc. On comptait par exemple à la curie romaine au début du siècle plusieurs laïcs à de très hauts postes de responsabilités. Ils sont maintenant une faible minorité. Paul VI se serait même demandé s'il ne pouvait pas un jour nommer cardinal un laïc. Certes une telle mesure serait symbolique... Sur plus d'un milliard de baptisés, et plus de 4 000 évêques, serait-il indécent que, parmi les 184 cardinaux, figure un certain nombre de laïcs, hommes et femmes ?

C'est bien la question du pouvoir qui est ici en cause. L'ordination, les sacrifices et l'obéissance qu'elle suppose, conduisent les clercs à se poser comme seuls détenteurs légitimes et autorisés du pouvoir. D'ailleurs les étapes de progression sont vraiment ténues. 1 prêtre sur 100 devient évêque, 1 évêque sur 25 devient cardinal. Pas de risque donc dans les promotions. Le système est dans l'ensemble très contrôlé.

Une analyse qui suppose toutefois la connaissance d'un autre versant du problème, indispensable pour bien comprendre l'ordre clérical, saisir la nature de l'Église catholique et de son système d'autorité. Un homme est « ordonné » dans un ordre, lié à la prêtrise. Trois niveaux existent : les diacres, les prêtres, et les évêques. Tous sont animés par la volonté de suivre le Christ, de l'imiter, pour le représenter, parmi les hommes. Soit un intermédiaire, un médiateur possible et autorisé par l'Église, entre l'homme et Dieu.

La clef de cet ordre, à formation, règles et objectifs communs, tient à la succession apostolique. Pour l'Église le premier maillon de cette succession a commencé le jour où le Christ a confié son Église à Pierre. Selon les historiens, ce premier parmi les apôtres joua un rôle d'arbitre et de référence dès les premiers temps de l'Église même si le débat se poursuit sur l'amplitude de son autorité. S'ensuivent les 264 successeurs de Pierre. Tous confirment, les uns après les autres et au fil des siècles, de nouveaux évêques, lesquels ordonnent de nouveaux prêtres.

La légitimité de l'ordre diaconal, sacerdotal et épiscopal ne vient donc pas de son organisation, de sa performance ou même de la qualité de sa foi. Elle repose sur le lien historique, matériel, juridique entretenu avec son point de départ. Cette chaîne séculaire donne le droit à l'ordre ecclésiastique (à l'exception des diacres) de célébrer trois sacrements, l'eucharistie, le pardon des péchés, la confirmation. Les autres sacrements (baptême, mariage) peuvent, dans certains cas précis, être administrés par de simples baptisés et, bien sûr, de façon habituelle par les diacres permanents.

La notion de « droit de célébrer » peut choquer, mais elle est conforme au droit canonique. Un langage juridique qui estompe la réalité spirituelle, et foi de l'Église, régulées par ce droit. Fondamentalement le prêtre, dans une relation mystique, agit en effet *in persona christi*. Car c'est le Christ, selon l'Église catholique, qui agit lui-même dans la personne du prêtre selon une présence mystique. Notamment au moment où il donne l'absolution, quand il consacre le pain et le vin qui deviennent corps et sang du Christ, sur l'exemple et la recommandation de la dernière cène. Cette lecture spirituelle, confortée par la théologie catholique, est validée pour l'Église par la chaîne historique des ordinations dans l'histoire, elle y ajoute le contrôle et la norme du droit canonique.

L'ordination comporte deux autres caractéristiques essentielles pour le prêtre et l'évêque : le vœu d'obéissance, le vœu de célibat. Le prêtre promet obéissance à son évêque. Et l'évêque au Pape. Même s'il n'est pas d'accord ou s'il ne comprend pas – une mutation par exemple – le subordonné doit obéir, non par autoritarisme dans l'Église (des dérives existent), mais par l'engagement d'être totalement disponible. Être un autre Christ qui a obéi jusqu'à la mort. L'ordination n'est donc pas un acte anodin : elle s'applique à vie. Le ministre ordonné peut être relevé de ses fonctions, réduit à l'état laïc, mais dans la vision de l'Église, il reste prêtre « pour l'éternité ».

Quant au vœu de célibat, il demeure l'un des plus incompris. Il existe pourtant des prêtres catholiques mariés dans les Églises orientales, par exemple chez les maronites du Liban. L'Église catholique n'est donc pas, par principe, opposée au mariage des prêtres. Sa décision d'imposer le célibat, confirmée en l'an 325 au concile de Nicée, est un point de discipline. Un choix fondé sur l'expérience qu'un prêtre célibataire n'est lié par aucun intérêt personnel et qu'il est un signe de don pour le monde. Cette question difficile est plusieurs fois revenue dans l'actualité de l'Église. Soit pour la confirmer – une dizaine d'actes officiels en vingt siècles de christianisme, c'est dire qu'elle n'a jamais été évidente –, soit pour déplorer le concubinage des prêtres, comme au Xe et au XVe siècle.

Il est peu probable que le nouveau Pape soit ouvert à une remise en cause du célibat sacerdotal. Reste qu'il se trouve confronté à une profonde crise des vocations. Elle n'est désormais plus masquée, comme sous le pontificat de Jean Paul II, par une forte présence de prêtres âgés, encore valides, qui ont permis jusque-là une permanence de l'Église, une visibilité sociale, vouée à disparaître dans quelques années.

En France, par exemple, l'âge moyen des prêtres est au delà des soixante-cinq ans, et le nombre d'ordinations sacerdotales annuel indique que, dans moins de vingt ans, l'Église en aura perdu plus de la moitié. Comparée à des régions du monde comme l'Afrique ou l'Amérique latine la France ne doit toutefois pas se plaindre, puisqu'elle dispose encore de trois fois plus de prêtres par habitants !

Cette crise touche aussi les religieux, les moines par exemple, mais aussi les jésuites dans les pays occidentaux. Elle n'épargne pas non plus les religieuses dont une multitude d'ordres fut fondée à la fin du XIXe siècle. Beaucoup recrutent en Asie ou en Afrique pour s'en sortir, mais le problème reste entier en Europe.

Quelques chiffres : entre 1994 et 1999, les ordinations sacerdotales ont chuté partout en Europe, sauf en Italie où elles sont passées de 512 à 556 annuelles et en Espagne (de 214 à 246) mais les entrées aux séminaires calent dans ces deux pays. Chute en revanche pour la France (de 131 à 112) en Allemagne (de 216 à 137) et même en Irlande (de 60 à 33) et en Pologne (de 724 à 544).

La question est donc cruciale pour l'avenir de l'Église catholique et souvent la préoccupation majeure de tous les évêques. Elle sera aussi celle du nouveau Pape.

Les nouveaux religieux

Autre urgence interne que Benoît XVI devra gérer. Les nouveaux religieux de l'Église. Car ces derniers n'avancent plus en robe de bure mais en jeans et pull-over, costume cravate ou tailleur. Les nouveaux religieux de l'Église du troisième millénaire sont des laïcs ! Et des laïcs parfois plus religieux que les religieux eux-mêmes...

Ils vivent en effet dans la culture de réseaux et non plus dans celle de mouvements étiquetés, publics. Ils vont et viennent, s'agrègent le temps d'une action, d'un rassemblement, puis se retirent, pour revenir ensuite. Ils ne sont pas le fait du hasard. Ils étaient en quelque sorte programmés par le concile Vatican II, qui entendait donner plus de place aux laïcs, en cherchant à décléricaliser.

Mais ils apportent avec eux une exigence professionnelle acquise dans la vie active, et qu'ils attendent parfois, à tort ou à raison, des clercs de l'Église. Une liberté aussi, quand ils ne sont pas membres d'une communauté particulière, liberté qui n'est pas celle d'un ministre ordonné soumis au vœu d'obéissance. Bref, une véritable psychologie d'adhésion opposée à la psychologie du recrutement de l'avant concile Vatican II.

Ils sont également porteurs d'une nouveauté, totalement inattendue dans les années 80 : une sur-demande spirituelle. Enfants d'un matérialisme pratique, ils n'approchent pas le giron de l'Église pour y entendre d'abord un discours de la société, mais celui de la spiritualité, de la différence.

D'où cette appellation possible de « nouveaux religieux » dans le sens où s'ils sont intimement liés avec l'Église et souvent avec une vision intégrante, parfois intransigeante, du rôle de l'Église dans la société. Ils sont essentiellement motivés par des motifs religieux, transcendantaux et non par conformisme social ou par désir humanitaire.

Ce renouveau du laïcat dans l'Église depuis trente ans a pris deux formes. L'une anarchique, incontrôlée, qui serait celle de passages successifs dans la grande maison. Se rendre aux JMJ par exemple mais sans plus. Vivre une appartenance en pointillé avec l'Église. L'autre, beaucoup plus rigoureuse dans sa forme, démontre les mêmes attributs de modernité mais elle constitue aussi un noyau dur. Cette liaison ferme a pour lieu et nom les nouveaux mouvements.

Plus connus en France sous leur forme charismatique, ils existent partout dans le monde, « communione e liberation ; foccalari ; chemin néocatéchuménal ». Leurs charismes sont divers mais ils partagent de nombreux points communs : Tous sont nés dans la mouvance du concile Vatican II qui a perçu la nécessité de donner une véritable place aux laïcs. Les fondateurs sont encore en vie ou décédés il y a peu. Tous manifestent ensuite une volonté de vivre intensément le christianisme. Certains vont jusqu'à la communauté de vie, dans l'esprit des premiers chrétiens. Troisième caractéristique, ils veulent placer la vie spirituelle au centre de tout, ressource et ressort principal de l'action. Enfin ils refusent le monde tel qu'il est, froid et injuste, proposent une autre voie, spirituelle certes, mais aussi sociale ou économique, par des micro-réalisations, comme les entreprises communautaires des foccolari.

Ces mouvements ont vite été accusés d'oublier le temporel, notamment par ceux qui privilégiaient un engagement comme l'action catholique. Mais, contrairement aux apparences ou aux a priori, ils ont tous fondé des œuvres sociales très actives, parce que, précisément, ils entendent, eux aussi, changer le monde.

Cette nouvelle donne de l'Église catholique sera-t-elle la grande orpheline du pontificat qui s'ouvre ? Il est beaucoup trop tôt pour le dire, Benoît XVI semble la tenir à distance, mais une chose est sûre : elle a perdu avec Jean Paul II un père protecteur, un inspirateur. Il n'a cessé de les encourager, souvent contre l'avis des évêques ou les inquiétudes des ordres religieux traditionnels et anciens, qui voyaient là une concurrence imprévue, comme l'a démontré le synode sur la vie consacrée en 1994. Par cette réunion le Pape espérait justement faire mieux admettre les nouvelles communautés aux ordres religieux plus anciens mais on assista à une fin de non-recevoir polie mais ferme de leur part.

Il faudra également suivre l'évolution de ces mouvements. Tous, sans exception, viennent de connaître ou s'apprêtent à vivre la disparition de leur fondateur. Ce point est essentiel pour des organisations qui ont beaucoup misé sur le charisme de leur chef, reléguant les questions de succession, voire de droit interne, au second plan. D'autre part certains mouvements subissent l'usure du charisme. Tout feu tout flamme dans les premiers temps, il s'émousse inévitablement au fil des années

Enfin, dernière question posée par ces nouveaux religieux, le risque dans les pays occidentaux où ils sont surtout implantés de voir se constituer une Église pour initiés. C'est-à-dire une Église qui ne serait plus paroissiale, dont la porte est ouverte à tous, mais accessible par le biais d'une sorte de club. L'Église repose sur des familles spirituelles, mais elle ne saurait être un réseau de communautés privatisées. Tel est le risque avec les nouvelles communautés. Dérive dont elles ne sont responsables qu'en partie, car leur succès de recrutement vient surtout de la carence de l'Église institutionnelle à qui l'on reproche une certaine froideur.

À quoi servent les bureaux d'études ?

Benoît XVI devra aussi s'atteler au débat éternel entre théologiens et Église hiérarchique. De ce point de vue, le pontificat de Jean Paul II aura connu une double évolution entamée avec le concile Vatican II. Celle de la multiplication des laboratoires de théologie, en tous domaines, dans les universités, dans les instituts, où une masse impressionnante de personnes ont travaillé, produit, écrit, remettant souvent en cause ou questionnant les dogmes de l'Église et son enseignement.

À l'image d'une entreprise qui aurait surinvesti en recherche, libéralisant totalement celle-ci. Elle se retrouve plusieurs décennies plus tard, totalement dépassée par la situation, avec des brevets à revendre, tous plus intelligents ou subtils les uns que les autres. Mais pouvant aller jusqu'à contredire les fondements mêmes des produits sur lesquels cette entreprise a fondé son succès !

Une tendance prononcée au point que la Congrégation pour la doctrine de la foi – en quelque sorte « la banque centrale » du système, sa mission première est de garder le dépôt de la foi – s'est cru obligée, en 1990 et 1998, au grand dam des théologiens, professeurs et chercheurs, d'exiger d'eux, comme condition pour enseigner dans les universités catholiques ou dans les séminaires, de signer une charte de fidélité. Ils devaient ainsi confirmer leur allégeance aux articles de foi du credo de l'Église catholique !

Un comble vu de l'extérieur. Mais aussi la conséquence, poussée à son paroxysme, d'une recherche libre. Bien avant le Concile, les exemples de théologiens célèbres comme Congar et de Lubac (l'un des maîtres de Benoît XVI), aujourd'hui réhabilités, rappellent qu'une recherche théologique un peu audacieuse a toujours eu maille à partir avec la hiérarchie.

L'Église est donc déchirée entre deux mondes parallèles. Le monde universitaire catholique et le monde hiérarchique qui vivent quasiment dans l'ignorance l'un de l'autre. Peu de communications entre eux, beaucoup de soupçons et d'anathèmes réciproques. Or la grande tradition de l'Église voudrait justement que ces deux univers communiquent sans cesse, se fécondent mutuellement, trouvent ensemble des solutions à des problèmes nouveaux.

Ce pontificat parviendra-t-il à réconcilier science théologique et gouvernement de l'Église ? Le dossier est urgent. Il crée des dommages internes à commencer par une certaine crispation de la hiérarchie. Parmi leurs attributions, les évêques ont une responsabilité de docteur de la foi pour leur diocèse. Ils se méfient des théologiens en situation d'enseignement. La réciproque est vraie dans les amphis : L'Église, souvent qualifiée de hiérarchique, semble appartenir à une autre sphère.

Les défis ne sont donc pas seulement d'ordre caritatif, social, pastoral, liturgique. Ils touchent aussi l'intelligence : l'Église possède un patrimoine fabuleux en philosophie, théologie et sciences humaines qu'elle ne peut cantonner à quelques experts en chambre.

Vers un concile Vatican III ?

Qu'est-ce qu'un concile ? C'est le rassemblement de tous les évêques du monde, pour une assemblée constitutionnelle, susceptible de durer plusieurs années sous forme de sessions de plusieurs mois, avec des temps de pauses intermédiaires. Cette assemblée a le pouvoir de prendre des décisions fondamentales pour l'Église. Par exemple, le concile Vatican II a pris la décision de modifier la liturgie de la messe, il a ouvert l'Église au monde, il a promu le dialogue interreligieux et l'œcuménisme.

Ces assemblées sont rares. Il y a en a eu 8 au cours du premier millénaire. 13 au cours du second, mais seulement 3 depuis 1500. Le concile Vatican II s'est déroulé de 1962 à 1965. Celui de Vatican I de

1869 à 1870. Le concile précédent, celui de Trente, remontait à 1545.

En fait, la question d'un concile Vatican III s'est posée à la fin du pontificat de Jean Paul II dans des milieux progressistes déçus par le style de ce Pape polonais. Ils jugeaient satisfaisant son bilan sur le plan des droits de l'homme, mais décevant en matière morale, d'ordination des hommes mariés et de place de la femme dans l'Église. Quant au style de gouvernement, ils le trouvaient trop autoritaire et pas assez démocratique.

D'où l'idée, séduisante sur le plan médiatique, d'un concile Vatican III. Sans jamais avoir prononcé le mot, le cardinal Martini, ancien archevêque de Milan, est devenu, un peu malgré lui, le porte-parole de cette cause.

D'autres, au contraire, s'appuyant sur les effets du concile Vatican II, estiment que quatre décennies sont trop courtes pour tirer un bilan définitif. S'inspirant de l'histoire de l'Église, ils jugent un siècle nécessaire pour qu'un Concile puisse vraiment porter ses fruits. C'est la position de Benoît XVI, opposé à l'idée d'un Vatican III.

Cette querelle quelque peu technique est avant tout politique. Elle révèle un malaise profond qui mine l'Église catholique et dépasse de loin la question du concile. Elle pourrait se résumer à la querelle des anciens et des modernes mais elle se complique par une question de méthode qui n'est pas anodine : commencer par s'accorder sur ce que l'Église retient comme passif et actif, débit et/ou ou crédit, afin d'établir un bilan digne de ce nom.

Car ce virage à 180° ou à 90°, selon les points de vue, a fini par affoler les compteurs habituels du tableau de bord ecclésial : nombre de baptêmes, d'enfants catéchisés, de sacrements distribués, de vocations sacerdotales et religieuses, etc.

Les uns estiment en effet que l'Église, avec le concile Vatican II, a accompli sa révolution copernicienne en quittant définitivement la volonté de puissance temporelle et plaçant au second rang l'importance de sa structure institutionnelle. Elle ne veut plus se référer qu'à une vision évangélique et non ecclésiale, dépouillée, christique. Les critères d'analyse d'hier, essentiellement statistiques, ne sont plus adaptés à une Église pauvre, humainement en faillite, mais transparente pour mieux transmettre le Christ, et lui seul.

Mais tous ne lisent pas ces indicateurs sur ce mode irénique où les choses iraient bien parce qu'elles iraient précisément mal... Cette autre tendance, qui n'est pas seulement limitée à quelques groupes intégristes ou traditionalistes, accuse facilement le concile Vatican II, ou son application, d'être la cause de tous les maux. Et ce n'est pas un concile Vatican III que l'on réclame mais une révision du concile Vatican II dans le sens d'un retour symbolique au Concile pourtant inachevé de Vatican I. Ouvert en 1869, interrompu un an plus tard par la guerre, c'est ce concile qui adopta l'infaillibilité pontificale. À un bon siècle de distance on retrouve, derrière ces querelles aux contextes pourtant différents, la même rupture entre catholiques intransigeants et catholiques ouverts.

La question, pour ce Pape, outre la nécessité de savoir concilier toutes ces tendances, est de redéfinir clairement les critères de « la réussite » de l'Église, de façon à tirer un bilan « opérationnel » et non symbolique ou politique de la situation. Ce discernement, cette autocritique, s'imposent avant la course en avant, vers un nouveau concile. Peut-être incarnera-t-il, lui-même, la solution. Mais on ne voit pas comment il pourrait repartir sans établir le bilan de la situation actuelle. Les pasteurs le redoutent car leur responsabilité est engagée mais aussi parce que ce genre de mise à plat des résultats – et cette notion même au sens d'une entreprise » leur sont étrangères.

Concile Vatican III, « re lifting » de Vatican II, retour symbolique à Vatican I : la vraie question n'est pas dans l'appellation, mais dans les critères de discernement sur ce que veut ou doit être une Église qui avance, ou décline...

10.

Quelles révolutions ?

Le nouveau Pape va devoir affronter des dossiers connus, déjà traités, mais dont l'évolution irrésistible impose de nouvelles approches. Les questions sont fondamentales comme la place de la femme dans l'Église, les relations entre la science et la foi, l'équilibre géopolitique entre le nord et le sud de l'Église, et le retour de Dieu constaté par les sociologues dans les sociétés sécularisées.

Des femmes aux commandes ?

Sept femmes excommuniées. En l'an 2002, l'Église catholique a mis sept femmes allemandes au ban... Leur péché ? Avoir été ordonnées prêtres par un évêque, ancien prêtre catholique, en rupture totale et aujourd'hui à la tête d'une secte. Anecdotique, cette affaire révèle une forte tension sur le dossier de la femme dans l'Église catholique. Sont surtout concernés les pays occidentaux, non latins, Allemagne, Autriche, Suisse, Belgique, États-Unis.

Le pontificat de Jean Paul II, sur ce plan, fut apprécié de façon contradictoire. Les uns estiment que ce Pape a favorisé la place et la reconnaissance de la femme dans l'Église. Les autres, lourdement déçus, parlent d'occasion manquée.

Jean Paul II a pourtant beaucoup insisté, plus qu'aucun autre Pape, sur le rôle de la femme. Il leur dédié une lettre apostolique en 1988 sur le thème de la dignité de la femme. Huit ans plus tard, en juin 1995, il rédige une « Lettre aux femmes » où il demande « plus de place » pour elles dans « la vie ecclésiale ». Mais pendant son pontificat et sous la pression des développements en ce domaine de l'Église anglicane – ordination de femmes prêtres en 1994 – l'Église catholique a décidé, la même année, le refus « définitif » de l'ordination sacerdotale des femmes. Quant à la réflexion sur l'ordination de diaconesses, les femmes diacres, elle aura été gelée, et officiellement bloquée en octobre 2002.

Une seule concession aura été accordée à l'Église des États-Unis : une traduction liturgique de la Bible en « langage inclusif ». « Inclusif » signifie que le mot Dieu ne s'entend pas seulement comme « Père » et inclut le sens de « Mère ». Le principe de toute chose, Dieu, n'est pas de genre masculin, il est tout autant de genre féminin, d'égale dignité dans la création, affirmait le courant féministe catholique porteur de cette réforme.

Mais aux yeux de beaucoup le bilan est maigre. Or la question de la femme est loin d'être périphérique dans les pays occidentaux où la majorité des fidèles est féminine. Benoît XVI, le nouveau Pape, ne peut l'ignorer. L'un des défis de ce pontificat est de prendre très au sérieux cette question. Une attitude passive ne serait pas tenable à long terme.

Certes, la femme n'est pas écrasée au sein de l'Église. Dans les pays où l'on manque de prêtres, beaucoup de paroisses et d'aumôneries sont confiées à des femmes laïques. Sans oublier l'essentiel de la formation catéchétique et combien d'autres responsabilités. Plusieurs théologiennes laïques exercent leur métier de professeur, dans des Universités catholiques, et parfois dans les séminaires. Un pan entier de l'Église catholique, le gros des troupes à vrai dire – plus de 1 800 titres de congrégations ou familles féminines, pour environ 800 masculines – repose sur les religieuses. Elles accomplissent un travail de fourmi, du spirituel au social, en passant par l'éducatif et le médical, sans oublier l'intellectuel et la théologie. Moins visible en Occident, il est en pleine expansion en Afrique et en Asie. Il est à peine exagéré de dire que, sans les femmes, l'édifice visible de l'Église s'écroulerait tant elle joue un rôle aussi capital que discret.

Mais pourquoi donc ces femmes omniprésentes sont-elles si peu associées aux processus de décision et de gouvernement ? Au contraire des Églises protestantes, la route de l'ordination sacerdotale leur est définitivement fermée dans l'Église catholique tout comme d'ailleurs dans l'orthodoxie.

Reste également incontournable la question du pouvoir. Elle effraie certains clercs dont il ne faut pas sous-estimer la misogynie ou les difficultés à travailler avec des femmes dans une proportion supérieure à la moyenne. Mais, compte tenu de la fécondité, de l'engagement des femmes dans l'Église, on comprend mal comment toutes les décisions, non seulement organisationnelles, mais pastorales et spirituelles, soient encore essentiellement l'apanage des hommes.

Cette remarque n'émane pas d'un féminisme exacerbé mais du simple bon sens. Il suffit, pour s'en convaincre, d'assister à une assemblée plénière d'évêques ou à un synode à Rome, pour constater le déséquilibre. Dans les instances les plus ouvertes la proportion de femmes admises au titre de spécialistes ne dépasse jamais 1 % et encore ! Un synode diocésain, à échelle locale, offre un tout autre visage. Sans doute une voie à suivre pour que les femmes puissent compter autrement qu'en figurantes au moment des choix importants dans l'Église.

Plus profonds encore, en raison de leur enracinement dans la culture de l'Église catholique, des changement sont à souhaiter dans la façon dont bon nombre de prêtres, et d'évêques ou recteurs d'université, considèrent les femmes. Dans ce monde d'hommes, de célibataires, l'équilibre entre les sexes est encore bien fragile. À côté de remarquables exemples d'épanouissement, perdurent de véritables cas ou de comportements, objectivement misogynes. Il en va de la crédibilité de l'Église, notamment aux yeux d'une génération plus jeune qui connaît de moins en moins de différence sexuée dans l'accès à des responsabilités professionnelles ou sociales. Tout en respectant les fondements de l'organisation ecclésiale, elle ne comprend pas comment, à formation égale – notamment en théologie –, les femmes soient plus volontiers mises de côté.

Qu'on le veuille ou non, l'accès des femmes à de véritables postes de responsabilités dans l'Église fait encore peur. Cette question, peu traitée lors du concile Vatican II, s'est imposée à la fin du XXᵉ siècle. Elle attend encore des réponses.

Sciences et foi irréconciliables à jamais ?

Autre point sensible, celui des questions éthiques. Qu'il s'agisse d'éthique personnelle, sexuelle en l'occurrence ou liée à la science et aux expériences génétiques, l'Église semble opposée à l'évolution de la société.

Que fera ce nouveau Pape ? Il est plus qu'attendu, son prédécesseur ne passa-t-il pour un conservateur sur ce terrain ? Mais l'était-il vraiment ? S'il est exact que Jean Paul II a confirmé l'enseignement de Paul VI sur le refus par l'Église de la contraception, il a développé pour sa part une nouvelle théologie dans un secteur totalement ou quasiment inexploré jusque-là, le corps, les relations sexuelles, et le plaisir. Cet enseignement, la « théologie du corps », diffusé au début du pontificat, est presque déjà oublié. Mais il devrait être perçu, à plus long terme, comme un tournant dans le malentendu entre théologie et sexualité, entre christianisme et plaisir sexuel.

Quant à la bioéthique, l'Église, sous le précédent pontificat, n'a pas bougé. Elle a réaffirmé une position simple : l'embryon, dès sa conception, est à considérer comme une personne humaine. Il est d'autant plus respectable qu'il est sans défense. Refus, donc, de manipulation génétique sur des cellules embryonnaires, refus d'expérimentations sur ces mêmes cellules.

L'Église ne s'est pas pour autant opposée à la recherche en vue des thérapies génétiques qu'elle appelle de ses vœux. Mais elle a clairement indiqué la piste des cellules souches adultes disponibles dans le corps humain, également susceptibles, selon elle, d'aboutir au même résultat que la recherche sur des cellules embryonnaires. Enfin avec beaucoup d'autres courants philosophiques, elle pointe le risque d'eugénisme contenu dans la sélection des embryons.

Nouveau Pape ou pas, l'anthropologie de l'Église catholique ne devrait pas varier. Sa vision de l'homme est fondée sur sa foi, et sur une philosophie s'éclairant l'une, l'autre. Fondamentalement l'Église considère l'être humain comme une créature de Dieu, et comme un être de relation, une personne. Si Dieu a des responsabilités vis-à-vis de l'homme, l'homme en a vis-à-vis de Dieu, vis-à-vis de l'autre (relation interpersonnelle), des autres (relations sociales et politiques, écologie). Ce principe de responsabilité, dont on parle finalement assez peu, fonde toute la conception morale et éthique de l'Église. L'esprit de sa morale, ses règles, normes et interdits en sont issus.

La contraception par exemple : l'Église promeut l'usage des méthodes naturelles, c'est-à-dire le respect, par le couple, des cycles de fécondité et d'infécondité de la femme. Cette position totalement incomprise dissimule la volonté de respecter la nature-création, telle qu'elle est, le souci de permettre à la femme d'être respectée dans ses rythmes biologiques et de ne pas devenir un simple objet toujours disponible. C'est encore une question de responsabilité vis-à-vis de l'autre. Mis à part certains catholiques pratiquants, très peu entendent aujourd'hui ce discours bien qu'il resurgisse *de facto* chez certains écologistes.

Mais le sommet de l'incompréhension a été atteint avec la question du Sida. L'Église ne s'est jamais prononcée ouvertement contre l'usage du préservatif. Ni pour, ni contre, se contentant de rappeler son enseignement classique sur la fidélité. Cette attitude a soulevé un vent de révolte chez ceux qui considéraient que l'Église, en Afrique notamment, se rendait complice par son silence d'une épidémie mortelle. Certains hauts prélats, comme le cardinal Jean-Marie Lustiger, ont opté publiquement pour la théorie classique du « moindre mal » : quand tous les autres moyens ont échoué ou promettent l'échec. L'usage du préservatif est admis pour limiter la diffusion de la maladie.

Un livre entier serait nécessaire pour développer la pensée de l'Église catholique en ces domaines. L'objet de l'ouvrage présent n'est pas d'en discuter le détail mais de constater qu'ils sont devenus, à l'instar des questions sociales il y a un siècle, le principal lieu d'affrontement entre l'Église et la société.

Beaucoup de scientifiques ne voient pas comment et à quel titre ils devraient arrêter la recherche. Ils félicitent néanmoins l'Église, et les autres religions, de tenir cette position qu'ils considèrent de leur rôle pour l'humanité.

D'autres y voient un crime contre le progrès, une irresponsabilité vis-à-vis de la vie elle-même. Ils estiment que la science et son progrès ne peuvent que consolider et protéger la vie, en la perfectionnant.

Ces deux mondes, sciences et religions, fonctionnent comme deux univers aux parois étanches. Les discours de l'Église n'empêchent aucune pratique scientifique. Ils la dérangent un peu, suscitent souvent l'indifférence, mais ne freinent rien. La question pour Benoît XVI, n'est peut-être pas de modifier le discours mais de mieux l'exprimer à la communauté scientifique, en suscitant davantage de rencontres de haut niveau.

Son prédécesseur, Jean Paul II, a commencé une partie de ce travail : il a par exemple tenté, en réhabilitant Galilée en 1992, de réconcilier les scientifiques et l'Église catholique. En attendant, nul ne sait la voie qu'empruntera l'Église et son nouveau Pape pour espérer réussir une telle réconciliation. Le parallèle avec la question sociale, il y a un siècle, indique l'ampleur de l'enjeu : l'Église fut lente mais elle a fini par prendre la défense des ouvriers renvoyant dos à dos socialisme et libéralisme. Elle a su trouver un langage pour exprimer, et faire comprendre ce que sa vision du monde lui dictait en matière de dignité humaine. Réussira-t-elle, dans les années qui viennent, dans le domaine sexuel, éthique et scientifique, à être comprise dans ce qu'elle défend, en dépit des désaccords qu'elle suscite ?

Le retour de Dieu ?

Le retour de la transcendance représente un autre enjeu décisif. Ce qui est un comble pour l'Église ! Et pourtant. Après avoir un temps rejeté

Dieu ouvertement, les sociétés modernes manifestent un retour de la transcendance et un goût pour le sacré. L'Église catholique et le Pape devraient se réjouir d'une telle nouveauté. Elle inquiète au contraire. Parce que ce retour n'emprunte pas forcément la voie du parvis. Elle l'évite plutôt...

Trois mouvements peuvent s'ignorer tout comme s'interpénétrer : la recherche de l'ego spirituel, nouvelle voie du « développement personnel » ; le développement des micro-communautés chaudes et fermées, les sectes ; le retour à des pratiques de mystiques païennes.

Trois directions en fait, pour un même besoin : resacraliser des vies déçues par le matérialisme en vue d'une recherche de communion harmonieuse avec soi, les autres et le cosmos. Le médium est le gourou d'une secte, mais il peut aussi être sa propre conscience, à nouveau sensibilisée à une vibration profonde du cosmos en soi. Il s'assimile aussi à la pratique d'un rite païen, oublié et remis aujourd'hui au goût du jour, comme la sorcellerie, le druidisme.

Les appellations sont multiples, elles vont du *New Age* à la secte la plus étroite. Les motivations peuvent être triviales, dans les pays pauvres notamment, éloignées de la spiritualité, quand les sectes offrent, clefs en main, accompagnement personnel, travail rémunéré et sécurité sociale... Ou, au contraire, exclusivement spirituelles dans des pays occidentaux où les individus meurent de leur solitude.

Dans les deux cas, l'Église catholique se voit souvent reprocher un déficit de transcendance. Depuis la réforme liturgique du concile Vatican II, elle n'offrirait plus suffisamment de sacré dans sa façon de célébrer la liturgie. Elle ne serait plus la communauté chaude, sensible, tournée vers son Dieu, mais une assemblée, souvent impersonnelle et individualiste, cérébrale, insistant plus sur les textes, la parole, l'enseignement et la morale sociale et personnelle, que sur la célébration des sacrements classiques, les mystères de l'Église.

Difficile d'échapper au simplisme mais certains cardinaux, comme le cardinal Ratzinger devenu aujourd'hui Pape, par exemple, Préfet de la Congrégation pour la doctrine de la foi, appartient à cette large frange des responsables de l'Église, dont une bonne partie latino-américains, qui veulent de toute urgence resacraliser la façon de célébrer. Réintroduire le sens du mystère peut être trop gommé à leur sens dans la liturgie.

Cette tendance a été soutenue, pendant le pontificat, par les groupes intégristes et traditionalistes, devenus les partisans d'une réforme de la réforme liturgique. Pour simplifier un dossier fort complexe, ils désirent revenir sur les décisions du concile Vatican II, qui avait notamment décrété la messe – dite de Paul VI – face au peuple, comme aux premiers temps du christianisme. Ces groupes jugent la sacralité exclue de la nouvelle messe et accusent cette mesure d'avoir vidé les églises car les gens simples n'y trouvaient plus leur compte et la nourriture de l'âme qu'ils venaient y chercher.

Cette critique a été indirectement soutenue par la résurgence et la redécouverte, dans le dernier quart du XXe siècle, de la richesse de la liturgie orthodoxe, toute de lenteur, de contemplation, d'adoration du mystère. Éminemment sacrée, elle contraste avec la sécheresse parfois trop rationnelle du culte romain pour une sensibilité humaine qui a aussi besoin de beauté, quand elle médite ou prie son Dieu.

Paradoxal, le retour du sacré se pose comme un défi pour l'Église catholique. Cette religion, comme les autres, est censée relier les hommes à Dieu et les hommes entre eux, mais beaucoup estiment qu'elle échoue en partie dans cette mission.

La codification régissant la manière de célébrer le mystère est essentielle à une religion. Ce point suscite toutes les crispations. En 1988, il fut même l'objet du schisme de Mgr Marcel Lefebvre dans l'Église, le premier depuis des siècles, il refusait notamment la réforme liturgique issue du concile Vatican II.

C'est dire si une évolution sur ce terrain souhaité par Benoît XVI serait extrêmement périlleuse : même conduite avec la meilleure des intentions, elle risque d'être interprétée comme un retour en arrière, une concession à l'intégrisme...

Le Sud devient le Nord

Mais le plus important chantier de l'Église est sans doute la révolution copernicienne de l'équilibre démographique mondial qui va se produire en ce siècle. L'Église est touchée au premier chef par ce phénomène : en ce qui la concerne le globe va symboliquement se retourner.

Une seule exception à cette règle : la Pologne qui fournit un quart des séminaristes européens. Mais ce score est insuffisant pour tenir tête à l'Afrique. Ce continent connaît la plus forte expansion du nombre de prêtres et de fidèles, bien plus qu'en Amérique latine. Ce continent progresse en effet mais dans une moindre mesure. Sur le terrain chrétien l'Église catholique y est très concurrencée par des sectes financées par des organisations protestantes basées en Amérique du Nord. Quant à l'Asie, elle connaît un christianisme minoritaire mais extrêmement vigoureux, aux Philippines évidemment, mais aussi au Vietnam ; à l'état de nouveau départ au Cambodge, sans oublier l'Inde. Autant de réservoirs à vocations, si l'on peut dire, notamment pour les religieuses.

Quelques chiffres permettent de s'en rendre compte. En Europe, le nombre de prêtres diocésains (c'est-à-dire non ordonnés dans le cadre d'un ordre religieux) est de 146 457. Malgré le dynamisme de la Pologne (qui connaît aussi une baisse récente du nombre d'ordinations annuelles) il est en chute de 20 % depuis trente ans et la moyenne d'âge est très élevée. De même en Amérique du Nord. Ils sont 37 312, ils étaient 43 489 en 1970, soit une baisse de 14 %.

En revanche, l'Amérique latine, qui comptait 21 424 prêtres en 1970, en compte près de 40 000 aujourd'hui. Ils ont augmenté de 86 %. De même l'Afrique compte actuellement 16 371 prêtres. Ils étaient 4 650 il y a trente ans. La progression est de 250 % !

Même phénomène pour les ordinations sacerdotales entre 1970 et 2000. Elles se maintiennent en Europe – grâce à la Pologne et à l'Italie – passant de 1 682 à 2 311 par an. À titre d'exemple il y a maintenant moins de 100 ordinations sacerdotales annuelles en France. Mais elles chutent sur la même période de 37 % en Amérique du Nord (de 648 à 407) alors qu'elles augmentent de 174 % en Amérique latine (1 451 pour l'année 1999) et sensiblement au même rythme en Afrique.

La santé de l'Église ne se mesure pas aux seuls prêtres ou ordinations sacerdotales mais ils constituent un indicateur essentiel.

Avec sa démographie assoupie et la force de la culture sécularisée, la vieille Europe voit donc les forces vives de son christianisme se réduire. Le cas le plus emblématique est celui de la Hollande. Ce pays fut, avant le concile Vatican II, un lieu extraordinaire de dynamisme pour l'Église, en particulier missionnaire. Quarante ans plus tard, c'est un pays où l'Église catholique est quasi sinistrée, moribonde, résignée, acceptant à son destin.

L'Espagne qui fut également un bastion catholique se maintient, mais sans commune mesure avec sa splendeur passée. L'Église italienne, si paradoxal que cela puisse paraître, va être touchée de plein fouet par son vide démographique. Cette évolution commence déjà à se faire sentir à l'entrée des séminaires. Elle est irrémédiable même si 35 923 prêtres, sur les 146 457 prêtres européens, sont italiens. À titre indicatif, les prêtres polonais ne sont que 22 310 mais ils sont beaucoup plus jeunes.

La Suisse, la Belgique, le Luxembourg, l'Autriche et l'Allemagne, sont tous peu ou prou dans la même situation : des Églises plutôt riches parce que bénéficiant de concordat intéressant avec les États, mais presque vides, ou majoritairement composées de fidèles âgés.

L'exception européenne vient de la Pologne. Ce cas hors norme connaît de sérieux problèmes de cléricalisme mais il vit un catholicisme en expansion. La prééminence des prêtres issus de ce pays fausse d'ailleurs les statistiques mondiales en donnant l'impression d'un dynamisme ecclésial sur le continent européen, alors qu'il est en récession à cette échelle.

Sans esprit cocardier, la France a connu la crise depuis très longtemps. Présence des nouvelles communautés, JMJ de 1997, elle figure parmi les surprises d'un christianisme qui redémarre, modeste mais vivace.

Cette situation démographique et culturelle affecte directement le nombre des vocations. Et influence le poids des Églises européennes comparées aux Églises latino-américaines et africaines. Le rapport de force – l'expression est bannie dans l'Église – va finir par totalement s'inverser à la faveur des Églises du Sud.

Reste la force de l'histoire. Le Vatican est à Rome, en Europe, en Occident. Mais le visage et la physionomie de l'Église sont en train de vivre une révolution fondamentale. Le nouveau Pape, dans son attitude, sa façon de gouverner, ses priorités, devra obligatoirement en tenir compte.

Jean Paul II, natif de Pologne, modelé par la culture du XXe siècle, très européenne – Cracovie est à deux heures de Prague et de Vienne – fut l'homme de la situation pour accompagner la libéralisation de ce continent après la chute du mur de Berlin. Les prochains murs à abattre, les enjeux fondamentaux, sont plutôt en direction du Sud. C'est là l'une des grandes urgences du pontificat. Il semble qu'en choisissant Benoît XVI les cardinaux aient estimé que ce défi passait encore et toujours par la bonne santé de l'Église européenne. Vaste programme pour cet Allemand reconnu comme l'un des meilleurs connaisseurs de la situation exacte de l'Église sur le vieux continent et dans le monde. Jusque-là ses diagnostics, redoutés pour leur acuité, étaient écoutés. Les solutions qu'il va proposer seront-elles entendues ?

Table des matières

PREMIÈRE PARTIE

L'ÉLECTION-SURPRISE DE L'AMI DE JEAN PAUL II

1. Un Pape mystique et critique 11
  Une redoutable réputation 11
  « Vivre veut dire changer » 13
  Priorité à la contemplation 16
  Un esprit critique 18
  « La dictature du relativisme » 22
  Trois priorités 24
  Papauté et despotisme 27

2. Un conclave commencé en 1996... 31
  Un chirurgien à la barre 31
  L'ouverture d'un conclave virtuel 32
  Des héros fatigués 34
  98 % des électeurs nommés par Jean Paul II... 36
  L'espérance de vie du Pape augmente elle aussi 40
  Difficile de remplacer un héros 43

3. Un favori qui ne devait pas être élu 47
« J'ai dit au Seigneur : ne me fais pas cela ! » . 47
Deux blocs et non deux clans 49
Pas de goût pour l'aventure 53
« *Extra omnes !* » 54
« Je donne ma voix à… » 56
Un ralliement d'une ampleur inattendue 58
« Nous ne sommes pas des monstres » 60
Le schéma-type d'un Pape de transition 66
Créer un nouveau gouvernement 68
Quelques leçons pour l'avenir 71

DEUXIÈME PARTIE

LES RÈGLES DU JEU

4. Le métier de Pape 77
Un homme élu à vie 77
Un mandat international 80
Au fond, un simple curé 83
Docteur, pasteur, cœur ouvert 84
Le profil idéal ? 87
Être de partout et de nulle part 88

5. Qui décide quoi dans l'Église ? 91
Un évêque démissionné 91
Le Pape tranche contraint et forcé 92
Le poids des Églises locales 95
Une autorité fondée sur les apôtres 97
Les évêques, petits patrons de l'Église 98
Vers un gouvernement collégial 99
Redoutable curie romaine 100
Un couple jamais tranquille 103
Monolithisme apparent 105
L'irresponsabilité 105
Le pouvoir du style 107

6. Les lois non écrites du Vatican 111
La loi du silence 111
Ne pas découvrir la couronne 113
Une culture de réseaux 115
Le Vatican est une colline de Rome 118
Un monde d'hommes 120

TROISIÈME PARTIE
LES DÉFIS À RELEVER

7. Quel style papal ? 127
Vers une papauté itinérante ? 127
Un homme de télévision ? 131
Un patron ou un président ? 133

8. Quelle politique pour l'Église ? 139
Expansion ou déclin… 139
Faut-il vraiment évangéliser ? 140
Faut-il continuer le dialogue avec les autres chrétiens ? 145
Jusqu'où parler avec les autres religions ? 150
Une Église initiatique ou de service public ? . 154

9. Quels moyens ? 163
Les galeries souterraines de l'Église 163
Endiguer la crise des vocations 166
Les nouveaux religieux 173
À quoi servent les bureaux d'études ? 176
Vers un concile Vatican III ? 178

10. Quelles révolutions ? 183
Des femmes aux commandes ? 183
Sciences et foi irréconciliables à jamais ? 187
Le retour de Dieu ? 190
Le Sud devient le Nord 193

*Ce volume a été composé
par Facompo, 14100 Lisieux
et achevé d'imprimer en juin 2005
par **Bussière**
à Saint-Amand-Montrond (Cher)
pour le compte des éditions Lattès*